Солнце мертвых

Иван Сергеевич Шмелев

Солнце мертвых

Copyright © 2022 Indo-European Publishing

ISBN: 978-1-64439-787-9

СОДЕРЖАНИЕ

Эпопея iv
Реквием v

Солнце мертвых

Утро 1
Птицы 5
Пустыня 8
В виноградной балке 13
Хлеб насущный 17
Что убивать ходят 22
Нянины сказки 27
Про Бабу-Ягу 33
С Визитом 36
"Мементо мори" 40
"Сады миндальные" 48
Волчье Логово 54
Чудесное ожерелье 63
В глубокой балке 71
Игра со смертью 77
Голос из-под горы 82
На пустой дороге 91
Миндаль поспел 98
"Жил-был у бабушки серенький козлик" 107
Конец Павлина 114
Круг адский 118
На тихой пристани 121
Чатырдаг дышит 126
Праведница-подвижница 131
Под ветром 134
Там, внизу 141
Конец бубика 144
Жива душа! 149
Земля стонет 152
Конец доктора 155
Конец Тамарки 157
Хлеб с кровью 161
Тысячи лет тому... 165
Конец концов 172

Эпопея

Аннотация издательства:

Эпопея "Солнце мертвых" — безусловно, одна из самых трагических книг за всю историю человечества. История одичания людей в братоубийственной Гражданской войне написана не просто свидетелем событий, а выдающимся русским писателем, может быть, одним из самых крупных писателей XX века. Масштабы творческого наследия Ивана Сергеевича Шмелева мы еще не осознали в полной мере.

Впервые собранные воедино и приложенные к настоящему изданию "Солнца мертвых", письма автора к наркому Луначарскому и к писателю Вересаеву дают книге как бы новое дыхание, увеличивают и без того громадный и эмоциональный заряд произведения.

Учитывая условия выживания людей в наших сегодняшних "горячих точках", эпопея "Солнце мертвых", к сожалению, опять актуальна.

Как сказал по поводу этой книги Томас Манн:

"Читайте, если у вас хватит смелости..."

Реквием

"Мы в Берлине! Неведомо для чего. Бежал от своего горя. Тщетно... Мы с Олей разбиты душой и мыкаемся бесцельно... И даже впервые видимая заграница — не трогает... Мертвой душе свобода не нужна...

Итак, я, может быть, попаду в Париж. Потом увижу Гент, Остенде, Брюгге, затем Италия на один или два месяца. И — Москва! Смерть — в Москве. Может быть, в Крыму. Уеду умирать туда. Туда, да. Там у нас есть маленькая дачка. Там мы расстались с нашим бесценным, нашей радостью, нашей жизнью... — Сережей. — Так я любил его, так любил и так потерял страшно. О, если бы чудо! Чудо, чуда хочу! Кошмар это, что я в Берлине. Зачем? Ночь, за окном дождь, огни плачут... Почему мы здесь и одни, совсем одни, Юля! Одни. Пойми это! Бесцельные, ненужные. И это не сон, не искус, это будто бы жизнь. О, тяжко!.."

Так писал, вырвавшись из красной России за границу, Иван Сергеевич Шмелев своей любимой племяннице и душеприказчице Ю.А.Кутыриной в январе 1922 года.

Он еще не знал, что никогда не вернется на родину, еще таил надежду, что его единственный сын Сергей, расстрелянный во время большого террора конца 1920 - начала 1921 годов в Крыму, жив, еще не отошел от пережитого в маленькой, вымороженной и голодной Алуште. И еще не родился замысел названного "эпопеей" реквиема — "Солнца мертвых".

Эпопея создавалась в марте-сентябре 1923 года в Париже и у Буниных, в Грассе. На калейдоскоп страшных впечатлений должна была лечь траурная тень личной трагедии. В "Солнце мертвых" о погибшем сыне — ни слова, но именно глубокая человеческая боль, которую Шмелев не мог унять даже выстраданным словом, придает всему повествованию огромную масштабность. Многие знаменитые писатели, а среди них Томас Манн, Герхард Гауптман, Сельма Лагерлеф, считали "Солнце мертвых" самым сильным из созданного Шмелевым. Эмигрантская критика — Николай Кульман, Петр Пильский, Юлий Айхенвальд, Владимир Ладыженский, Александр Амфитеатров — встретили шмелевскую эпопею восторженными откликами. Но, пожалуй, наиболее проникновенно написал о "Солнце мертвых" прекрасный прозаик Иван Лукаш:

"Эта замечательная книга вышла в свет и хлынула, как откровение, на всю Европу, лихорадочно переводится на "большие" языки...

Читал ее за полночь, задыхаясь.

О чем книга И. С. Шмелева?

О смерти русского человека и русской земли.

О смерти русских трав и зверей, русских садов и русского неба.

О смерти русского солнца.

О смерти всей вселенной, — когда умерла Россия — о мертвом солнце мертвых..."

Несмотря на ужас пережитого, Шмелев против русского человека не озлобился, хотя жизнь "новую" проклял. Но и там, под чужим небом, желал упокоиться в России, в любимой им Москве, 3 июля 1959 года Юлия Александровна Кутырина писала автору этих строк:

"Важный вопрос для меня, как помочь мне — душеприказчице (по воле завещания Ивана Сергеевича, моего незабвенного дяди Вани) выполнить его волю: перевезти его прах и его жены в Москву, для успокоения рядом с могилой отца его в Донском монастыре..."

Творчество Шмелева, его память освещает солнце — вечно живое солнце русского страдания и русского подвижничества.

Олег Михайлов

СОЛНЦЕ МЕРТВЫХ

УТРО

За глиняной стенкой, в тревожном сне, слышу я тяжелую поступь и треск колючего сушняка...

Это опять Тамарка напирает на мой забор, красавица симменталка, белая, в рыжих пятнах, — опора семьи, что живет повыше меня, на горке. Каждый день бутылки три молока — пенного, теплого, пахнущего живой коровой! Когда молоко вскипает, начинают играть на нем золотые блестки жира и появляется пеночка...

Не надо думать о таких пустяках — чего они лезут в голову!

Итак, новое утро...

Да, сон я видел... странный какой-то сон, чего не бывает в жизни.

Все эти месяцы снятся мне пышные сны. С чего? Явь моя так убога... Дворцы, сады... Тысячи комнат — не комнат, а зал роскошный из сказок Шехерезады — с люстрами в голубых огнях — огнях нездешних, с серебряными столами, на которых груды цветов — нездешних. Я хожу и хожу по залам — ищу...

Кого я с великой мукой ищу — не знаю. В тоске, в тревоге я выглядываю в огромные окна: за ними сады, с лужайками, с зеленеющими долинками, как на старинных картинах. Солнце как будто светит, но это не наше солнце... — подводный какой-то свет, бледной жести. И всюду — цветут деревья, нездешние: высокие-высокие сирени, бледные колокольчики на них, розы поблекшие... Странных людей я вижу. С лицами неживыми ходят, ходят они по залам в одеждах бледных — с икон как будто, заглядывают со мною в окна. Что-то мне говорит — я чую это щемящей болью, — что они прошли через страшное, сделали с ними что-то, и они — вне жизни. Уже — нездешние... И невыносимая скорбь ходит со мной в этих до жути роскошных залах...

Я рад проснуться.

Конечно, она — Тамарка. Когда молоко вскипает... Не надо думать о молоке. Хлеб насущный? У нас на несколько дней муки... Она хорошо запрятана по щелям — теперь опасно держать открыто: придут ночью... На огородике помидоры —

правда, еще зеленые, но они скоро покраснеют... с десяток кукурузы, завязывается тыква... Довольно, не надо думать!..

Как не хочется подыматься! Все тело ломит, а надо ходить по балам, рубить "кутюки" эти, дубовые корневища. Опять все то же!..

Да что такое, Тамарка у забора!.. Сопенье, похлестывание веток... обгладывает миндаль! А сейчас подойдет к воротам и начнет выпирать калитку. Кажется, кол приставил... На прошлой неделе она выперла ее на колу, сняла с петель, когда все спали, и сожрала половину огорода. Конечно, голод... Сена у Вербы нет на горке, трава давно погорела — только обглоданный граб да камни. До поздней ночи нужно бродить Тамарке, выискивать по глубоким балкам, по непролазным чащам. И она бродит, бродит...

А все-таки подыматься надо. Какой же сегодня день? Месяц — август. А день... Дни теперь ни к чему, и календаря не надо. Бессрочнику все едино! Вчера доносило благовест в городке... Я сорвал зеленый "кальвиль" — и вспомнил: Преображение! Стоял с яблоком в балке... принес и положил тихо на веранде. Преображение... Лежит "кальвиль" на веранде. От него теперь можно отсчитывать дни, недели...

Надо начинать день, увертываться от мыслей. Надо так завертеться в пустяках дня, чтобы бездумно сказать себе: еще один день убит!

Как каторжанин-бессрочник, я устало надеваю тряпье — милое мое прошлое, изодранное по чащам. Каждый день надо ходить по балкам, царапаться с топором по кручам: заготовлять к зиме топливо. Зачем — не знаю. Чтобы убивать время. Мечтал когда-то сделаться Робинзоном — стал. Хуже, чем Робинзоном. У того было будущее, надежда: а вдруг — точка на горизонте! У нас не будет никакой точки, повек не будет. И все же надо ходить за топливом. Будем сидеть в зимнюю долгую ночь у печурки, смотреть в огонь. В огне бывают видения... Прошлое вспыхивает и гаснет... Гора хворосту выросла за эти недели, сохнет. Надо еще, еще. Славно будет рубить зимой! Так и будут отскакивать! На целые дни работы. Надо пользоваться погодой. Теперь хорошо, тепло — можно и босиком или на деревяшках, а вот как задует от Чатырдага, да зарядят дожди... Тогда плохо ходить по балкам.

Я надеваю тряпье... Старьевщик посмеется над ним, в мешок запхает. Что понимают старьевщики! Они и живую душу крючком зацепят, чтобы выменять на гроши. Из человеческих костей наварят клею — для будущего, из крови настряпают "кубиков" для бульона... Раздолье теперь старьевщикам, обновителям жизни! Возят они по ней железными крюками.

Мои лохмотья... Последние годы жизни, последние дни — на них последняя ласка взгляда... Они не пойдут старьевщикам. Истают они под солнцем, истлеют в дождях и ветрах, на колючих кустах по балкам, по птичьим гнездам...

Надо отворить ставни. А ну-ка, какое утро?..

Да какое же может быть утро в Крыму, у моря, в начале августа?! Солнечное, конечно. Такое ослепительно-солнечное, роскошное, что больно глядеть на море: колет и бьет в глаза.

Только отпахнешь дверь — и хлынет в защуренные глаза, в обмятое, увядающее лицо солнцем пронизанная ночная свежесть горных лесов, долин горных, налитая особенной, крымской, горечью, настоявшеюся в лесных щелях, сорвавшеюся с лугов, от Яйлы. Это — последние волны ночного ветра: скоро потянет с моря.

Милое утро, здравствуй!

В отлогой балке — корытом, где виноградник, еще тенисто, свежо и серо; но глинистый скат напротив уже розово-красный, как свежая медь, и верхушки молодок-груш, понизу виноградника, залиты алым глянцем. А хороши молодки! Прибрались, подзолотились, понавешали на себя тяжелые бусы-грушки — "мари-луиз".

Я тревожно обыскиваю глазами... Целы! Еще одну ночь провисели благополучно. Не жадность это: это же хлеб наш зреет, хлеб насущный.

Здравствуйте и вы, горы!

К морю — малютка гора Кастель, крепость над виноградниками, гремящими надалеко славой. Там и золотистый "сотерн" — светлая кровь горы, и густое "бордо", пахнущее сафьяном и черносливом, и крымским солнцем! — кровь темная. Сторожит Кастель свои виноградники от стужи, греет ночами жаром. В розовой шапке она теперь, понизу темная, вся — лесная.

Правее, дальше — крепостная стена-отвес, голая Куш-Кая, плакат горный. Утром — розовый, к ночи — синий. Все вбирает в себя, все видит. Чертит на нем неведомая рука... Сколько верст до него, а — близкий. Вытяни руку и коснешься: только перемахнуть долину внизу и взгорья, все — в садах, в виноградниках, в лесах, балках. Вспыхивает по ним невидимая дорога пылью: катит автомобиль на Ялту.

Правее еще — мохнатая шапка лесного Бабугана. Утрами золотится он; обычно — дремуче-черен. Видны на нем щетины

3

лесов сосновых, когда солнце плавится и дрожит за ними. Оттуда приходит дождь. Солнце туда уходит.

Почему-то кажется мне, что с дремуче-черного Бабугана сползает ночь...

Не надо думать о ночи, о снах обманных, где все — нездешнее. Ночью они вернутся. Утро срывает сны: вот она, голая правда, — под ногами. Встречай же его молитвой! Оно открывает дали...

Не надо глядеть на дали: дали обманчивы, как и сны. Они манят и — не дают. В них голубого много, зеленого, золотого. Не надо сказок. Вот она, правда, — под ногами.

Я знаю, что в виноградниках, под Кастелью, не будет винограда, что в белых домиках — пусто, а по лесистым взгорьям разметаны человеческие жизни... Знаю, что земля напиталась кровью, и вино выйдет терпким и не даст радостного забытья. Страшное вписала в себя серая стена Куш-Каи, видная недалеко. Время придет — прочтется...

Я уже не гляжу на дали.

Смотрю через свою балку. Там — мои молодые миндали, пустырь за ними.

Каменистый клочок земли, недавно собиравшийся жить, теперь — убитый. Черные рога виноградника: побили его коровы. Зимние ливни роют на нем дороги, прокладывают морщины. Торчит перекати-поле, уже отсохшее: заскачет — только задует Север. Старая татарская груша, дуплистая и кривая, годы цветет и сохнет, годы кидает вокруг медовую желтую "буздурхан", все дожидает смены. Не приходит смена. А она, упрямая, ждет и ждет, наливает, цветет и сохнет. Затаиваются на ней ястреба. Любят качаться вороны в бурю.

А вот — бельмо на глазу, калека. Когда-то — Ясная Горка, дачка учительницы екатеринославской. Стоит — кривится. Давно обобрали ее воры, побили стекла, и она ослепла. Осыпается штукатурка, показывает ребра. А все еще доматываются в ветре повешенные когда-то сушиться тряпки — болтаются на гвоздях, у кухни. Где-то теперь заботливая хозяйка? Где-то. Разрослись у слепой веранды вонючие уксусные деревья.

Дачка свободна и бесхозяйна, — и ее захватил павлин.

ПТИЦЫ

Павлин... Бродяга-павлин, теперь никому не нужный. Он ночует на перильцах балкона: так не достать собакам.

Мой когда-то. Теперь — ничей, как и эта дачка. Есть же ничьи собаки, есть и люди — ничьи. Так и павлин — ничей.

Я не могу содержать его, роскошь эту. Он это понял и поселился на пустыре. Мы — соседи. Он как-то ухитряется жить. Пережил зиму и выпустил-таки хвост новый, хоть и не совсем прежний. Временами захаживает ко мне. Станет под кедром, где когда-то дремал в жары, поглядывает и ждет-пытает:

— Не дашь?..

— Не дам. Видишь — ничего нету, Павка.

Поведет коронованной головкой, хвост иногда распустит:

— Не дашь?!..

Постоит и уйдет. А то взмахнет на ворота, повертится-потанцует:

— Смотри-ка, какой красивый! Не дашь... И слетит на пустую дорогу, блеснет зелено-

золотистым хвостом. Там и там покричит-позовет по балкам — пава, может, откликнется! Глядишь — уж опять бродит у своей одинокой дачки. А то пройдется за горку, в Тихую Пристань, к Прибыткам: там дети — чего и дадут, может. Вряд ли: там тоже плохо. Или к Вербе, на горку: там иногда дают ребятишки в обмен на перья. А то повыше, на самый тычок, к старому доктору. Но там и совсем плохо.

Недавно он жил в довольстве, ночевал на крыше, а дни проводил под кедром. Собирались найти ему подругу.

Мне его больно видеть.

— ...Э-оу-аааа!.. — пустынным криком кричит павлин.

Жалуется? Тоскует?

Его разбудило утро. И для него теперь день — в работе. Поднялся, расправил серебристые крылья в палево-розовой опушке, выправил горделиво головку — черноглазой царицей смотрит. На старую грушу смотрит и вспоминает, что "буздурхан" обобран. Ну, кричи же! Кричи, что и ты ограблен! Сияя голубым фиолетом в солнце, вдумчиво ходит он по балкону, шелковым хвостом возит — приглядывается к утру... И — молнией падает в виноградник.

— Ш-ши... несчастный!..

Он теперь не боится крика: вьется змеей-хвостом в лозах,

5

оклевывает зреющие гроздья. Вчера было много исклеванных. Что же делать! Все хотят есть, а солнце давно все выжгло. Он становится дерзким вором, красавец с царственной поступью. Он открыто грабит меня, лишает хлеба: ведь виноградником питаться можно! Я выбиваю его камнями, он все понимает, зелено-голубой молнией юркает-вьется между лозами, змеится по розовой осыпи и пропадает за своей виллой. Кричит пустынно:

— ...Э-оу-аааа!..

Да, теперь и ему плохо. Желудей в этому году не уродилось; не будет и на шиповнике ничего, и на ажине — все усохло. Долбит, долбит павлин сухую землю, выклевывает дикий чеснок, лук гадючий, — от него остро пахнет чесночным духом.

Летом он ходил в котловину, где греки посеяли пшеницу. Индюшка с курочками тоже ходила на пшеницу, которую стерегли греки. Пшеница теперь богатство! Даже ночевали греки в котловине, у огонька сидели, прислушивались к ночи. Много у пшеницы врагов, когда наступает голод.

Бедные мои птицы! Они худеют, тают, но... они связывают нас с прошлым. До последнего зернышка мы будем делиться с ними.

Солнце уже высоко ходит — пора выпускать куриное семейство. Несчастная индюшка! У ней не было пары, но она упорно сидела и не брала корма. И добилась: высидела шестерку курочек. Чужим, она отдала им свою заботу. Она научила их засматривать в небо одним глазом, ходить чинно, подтягивая лапки, и даже перелетать балку. Она принесла нам отрадную заботу, которая убивает время.

И вот на ранней заре, чуть забелеет небо, выпустишь подтянутую индюшку.

— Ну, ступайте!

Она долго стоит, круглит на меня то тем, то другим глазом: покормить бы надо! А ее кроткие курочки, беленькие, одна в одну, вспархивают ко мне в руки, цапаются за мои лохмотья, настойчиво, глазами просят, стараются уклюнуть в губы. Пышные, они день ото дня пустеют, становятся легкими, как их перья. Зачем я их вызвал к жизни!? Обманывать пустоту жизни, наполнить птичьими голосками?..

— Простите меня, малютки. Ну, веди их туда... индюша!

Она знает, что нужно делать. Она сама отыскала "пшеничную" котловину и понимает, что греки ее гоняют. Грабом и дубнячком прокрадывается она в рассвете, ведет курочек на кормежку, на самый край котловины, где подходит к кустам пшеница. Юркнет со стайкой, заведет в самую середину — и начинают кормиться. Крепким носом она срывает колосья и расшелушивает зерна. Держится целый день, томясь жаждой, и, только когда стемнеет, уводит к дому. Пить! Пить! Воды у меня довольно. Пьют они долго-долго, словно качают воду, и мне приходится усаживать их на место: они уже ничего не видят.

Меня немного мучает совесть, но я не смею мешать индюшке. Не мы с нею сделали жизнь такою! Воруй, индюшка!

Павлин тоже прознал дорогу. Но — вымахнет хвостом из пшеницы и попадется грекам. Они поднимают крик, гонят воров и приходят к моим воротам:

— Циво, цорт, пускаишь?! Сицась убивай курей!

Их худые, горбоносые лица злобны, голодные зубы до жути белы. Они и убить могут. Теперь все можно.

— Убей! Сам сицас убивай прокляти воры!..

Это мучительные минуты. Убивать я не в силах, а они правы: голод. Держать птицу — в такое время!

— Я не буду, друзья, пускать... И всего-то несколько зерен...

— А ты их сеиль?!.. Последни зерно из глоти вирьвал! Тебе нада голову сшибаем! Все памирать будим!..

Они долго еще кричат, стучат палками по воротам — вот-вот ворвутся. Неистово, непонятно кричат, наживая потные шеи, выпяливая сверкающие белки, обдавая чесночным духом:

— Курей убивай! Теперь суда нема... сами будим!..

В их криках я слышу ревы звериной жизни, древней пещерной жизни, которую знавали эти горы, которая опять вернулась. Они боятся. День ото дня страшнее — и теперь горсть пшеницы дороже человека.

Давно убрали греки пшеницу: тюками, в мешках уносили в город. Ушли — и пшеничная котловина закипела жизнью. Тысячи голубей — они хоронились от людей где-то — голубились теперь по ней, выискивали осыпавшиеся зерна; дети целыми днями ерзали по земле, выбирая утерянные колосья. И павлин, и индюшка с курочками кормились. Теперь их гоняли дети. Ни зернышка не осталось — и котловина затихла.

ПУСТЫНЯ

А что Тамарка?..

Она уже оглодала миндали, сжевала давшиеся через ограду ветки. Повисли они мочалками. Теперь их доканчивает солнцем.

Громыхают ворота. Это Тамарка рогами выдавливает калитку.

— Ку-ддааа?!..

Вижу я острый рог: просунула-таки в щель калитки, ломится в огород. Манит ее сочная, зеленая кукуруза. Шире и шире щель, всовывается розовый шагрень носа, фыркает влажно-жадно, слюну пускает...

— На-ззад!!..

Она убирает губы, отводит морду. Стоит неподвижно за калиткой. Куда же еще идти?! Везде — пусто.

Вот он, наш огородик... жалкий! А сколько неистового труда бросил я в этот сыпучий шифер! Тысячи камня выбрал, носил из балок мешками землю, ноги избил о камни, выцарапываясь по кручам...

А для чего все это!? Это убивает мысли.

Выберешься наверх горы, сбросишь тяжкий мешок с землею, скрестишь руки... Море! Глядишь и глядишь через капли пота — глядишь сквозь слезы... Синяя даль какая! А вот за черными кипарисами — низенький, скромный, тихий — домик под красной крышей. Неужели я в нем живу? В саду — ни души, и кругом — пустынно: никто не проедет за день. Маленький, с голубка, павлин по пустырю ходит — долбит камень. Тишина какая! Весенними вечерами хорошо поет черный дрозд на сухой рябине. Горам попоет — повернется к морю. Споет и морю, и нам, и моим деревцам миндальным в цветах, и домику. Домик наш одинокий!.. Отсюда видно его изъяны. Заднюю стенку дожди размыли, камни торчат из глины — надо до осенних дождей поправить. Придут дожди... Об этом не надо думать. Надо разучиться думать! Надо долбить шифер мотыгой, таскать землю мешками, рассыпать мысли.

Бурей задрало железо — пришлось навалить по углам камни. Кровельщика бы надо... И кровельщика, пожалуй, не осталось. Нет, старый Кулеш остался: стучит колотушкой за горкой, к балке, — выкраивает соседу из старого железа печки. В степь повезут выменивать на пшеницу, на картошку... Хорошо иметь старое железо!

Стоишь — смотришь, а ветерок с моря обдувает. Красота какая!

Далеко внизу — беленький городок с древней, от генуэзцев, башней. Черной пушкой уставилась она косо в небо. Выбежала в море игрушечная пристань — скамеечка на ножках, а возле — скорлупка-лодка. Сзади — плешиной Чатырдаг синеет, Палат-Гора... Там седловина перевала... выше еще — и смотрит вихром Демерджи. Орлы живут по ее ущельям. Дальше — светлые цепи голых, туманно-солнечных гор Судакских...

Хорош городок отсюда — в садах, в кипарисах, в виноградниках, в тополях высоких. Хорош обманчиво. Стеклышками смеется! Ласковы-кротки белые домики — житие мирное. А белоснежный Дом Божий крестом осеняет кроткую свою паству. Вот-вот услышишь вечернее — "Свете тихий"...

Я знаю эту усмешку далей. Подойди ближе — и увидишь... Это же солнце смеется, только солнце! Оно и в мертвых глазах смеется. Не благостная тишина эта: это мертвая тишина погоста. Под каждой кровлей одна и одна дума — хлеба!

И не дом пастыря у церкви, а подвал тюремный... Не церковный сторож сидит у двери: сидит тупорылый парень с красной звездой на шапке, зыкает-сторожит подвалы:

— Эй!.. отходи подале!..

И на штыке солнышко играет.

Далеко с высоты видно! За городком — кладбище. Сияет на нем вся прозрачная, из стекла, часовня. Какая роскошь... не разберешь, что в часовне: плавится на ее стеклах солнце...

Обманчиво-хороши сады, обманчивы виноградники! Заброшены, забыты сады. Опустошены виноградники. Обезлюжены дачи. Бежали и перебиты хозяева, в землю вбиты! — и новый хозяин, недоуменный, повыбил стекла, повырывал балки... повыпил и повылил глубокие подвалы, в кровине поплавал, а теперь, с праздничного похмелья, угрюмо сидит у моря,

глядит на камни. Смотрят на него горы...

Я вижу тайную их улыбку — улыбку камня...

Сереет под Демерджи обвал — когда-то татарская деревня. Века глядела гора в человечье стойло. И показала свою улыбку — швырнула камнем. Да будет каменное молчание! Вот уж идет оно.

Что, Тамарка? И ты, бедняга, попала в петлю... А примириться не хочешь: упрямо стучишь копытом, бьешь головой в ворота! Похудела же ты, бедняга...

Она тупо глядит на мою поднятую руку стеклянными

9

глазами, синими с неба́ и встряного моря. Да куда же еще идти?! Ее бока провалились, выперло кости таза, а хребет заострился и изъеден кровопийцами мухами и слепнями. Сочится сукровица из ранок: там уже свербит червивое потомство, зреет в теплоте язвы. Вымя ее вытянулось и потемнело, подсохли-поморщились сосочки: ничего не вытянут из нее сегодня хозяйские руки.

— Ступай же... нету!..

Она не верит. Она же знает великую силу человека! Не может она понять, почему не кормит ее хозяин...

И я не могу понять, Тамарка... Понять не могу, кому и зачем понадобилось все обратить в пустыню, залить кровью! А помнишь, еще недавно каждый мог тебе дать кусок душистого хлеба с солью, каждый хотел потрепать твои теплые губы, каждый радовался на твое ведерное вымя. Кто же это выпил и твои соки? Каждую весну ты носила, а теперь ходишь пустая и не прибавила на рогах колечка!..

В ее стеклянных глазах я вижу слезы. Немые, коровьи слезы. Голодная слюна тянется-провисает к колючей ажине, которую она жевала. С усилием отрывает она глаза от кукурузы, поворачивает от калитки и... смотрит в море. Синее и пустое. Она его хорошо знает: синее и пустое. Вода и камни.

Смотрю и я... Сколько хочешь смотри — и так, и этак.

Прямо смотри: не видная Азия, Трапезунд. Там Кемаль-Паша воюет со всеми народами на свете; побил и греков, и англичан, и французов, и итальянцев — всех побил-потопил в славном турецком море.

Пошептывают прижухнувшиеся татары:

— Це-це-це... Кемал-Паша! Крым идет... пылымот стрылят, балшивит тикал! Хлэб будит, чурэк-чебурэк... баряшка будыт... Балшой чилавэк Кемал-Паша! Наш будыт...

Вправо — Босфор далекий, Стамбул Великий. Там горы хлеба и сахара, и брынзы, и аравийского кофе, и баранов...

Влево, в утренней дымке, — земля родная, кровью святой политая...

Ни дымочка на синей дали, серебрятся течения... Одна голубая парча — на солнце.

Мертвое море здесь: не любят его веселые пароходы. Не возьмешь ни пшеницы, ни табаку, ни вина, ни шерсти... Съедено, выпито, выбито — все. Иссякло.

А солнце пишет свои полотна!

Фиолетовый пляж розовым подержался, теперь бледнеет. Накалится — засветится. К ночи с холоду посинеет. А вот и она

10

— синь-бель: вскипает с играющего моря. Нет ни души на гальке, пятнышка нет живого. Прощай, расцветка!

Ни татарина меднорожего, с беременными корзинами на бедрах — груши, персики, виноград! Ни шумливого плута-армянина из Кутаиси, восточного человека, с кавказскими поясами и сукнами, с линючими чадрами кричащих красок — утехой женщин; ни итальяшек с "обомаршэ"[1], ни пылящих ногами, запотевших фотографов, берущих "с веселым лицом" у камня, лихо накидывающих черный лоскут суконный, небрежно-важно разбрасывающих — "мерсис"! И уральские камни сгинули, и растаяли бублики за копейку, и раковинки с "Ялтой" — китайской тушью, и татары-проводники в рейтузах синей "диагонали", с нафабренными усами, с бедрами Аполлона из Корбека, со стеком за лаковым голенищем, с запахом чеснока и перца. Ни фаэтонов в пунцовом плисе, с белыми балдахинами, вздувающимися на бойком ходу, с красными язычками в бисерной мишуре-сверканье, с конями и шерстяных розанах, с крымскими глухарями из серебра — звоном бахчисарайским, — щеголевато-мягко несущихся мимо просыпающихся утренних вилл в глициниях и мимозах, в магнолиях и розах, и в винограде, с курящеюся поливкой, с душистой прохладой утра, умело опрысканного садовником. Ни широких турок, мерно бьющих новые плантажи, крепкожильных, с синими курдюками, с полудня засыпающих на земле — у камня. Ни дамских зонтиков на песке, жарких цветов полудня, ни человеческой бронзы, которую жарит солнцем, ни татарского старичка, сухого, с шоколадной головкой в белой обвязке, мотающегося на коленях — к Мекке...

Не ты ли сожрало, море? Молчит, играет.

Кому продавать, покупать, кататься, крутить лениво золотистый табак ламбатский? Кому купаться?.. Все — иссякло. В землю ушло — или туда, за море.

Смотрят в пустой песок выбитыми глазами дачи. Тянут бакланы в море, снуют-плавают их цепочки.

Одно увидишь на побережной дороге — ковыляет босая, замызганная баба с драной травяной сумкой, — пустая бутылка да три картошки, — с напряженным лицом без мысли, одуревшая от невзгоды:

— А сказывали — все будет!..

Прошагает за осликом пожилой татарин, — гонит с вьючком дровишек, — угрюмый, рваный, в рыжей овчинной

---

[1] Название французского магазина.

шапке; поцекает на слепую дачу, с вывернутой решеткой, на лошадиные кости у срубленного кипариса:

— Це-це-це... ах, шайтаны!..

И вспомнит: носил сюда петухов в сезоны, черешню, виноград, груши... было время! А теперь и соли купить не с чем.

А то пропылит на мухрастой запаленной лошадке полупьяный красноармеец, без родины — без причала, в ушастом шлыке суконном, в помятой звезде красной-тырцанальной, с ведерным бочонком у брюха — пьяную радость везет начальству из дальнего подвала, который еще не весь выпит.

Так вот какая она, пустыня!

Смеется солнце. Поигрывают тенями горы. Все равно перед ними: розовое ли живое тело или труп посинелый, с выпитыми глазами — вино ли, кровь ли... И этому верховому звездоносцу. Остановится перед разбитой виллой, глядит-пялит заспанными глазами... — чего такое?.. Приметит — стеклышко никак цело! Наведет-нацелит:

— А-а, едренать...

Еще нацелит...

Но куда же пойдет Тамарка?

Она тянет-вытягивает мордочку и мычит, протяжно — на море. В синее и пустое. Еще мычит, и еще... И уходит через дорогу в балку. Задумывается над сочным молочаем: не съесть ли?.. Фыркает и отходит: чует коровьим нюхом эти острые молочаи-боли — от них вымя сочится кровью.

Ну, что же сегодня делать? Что и вчера — все то же: нарвать виноградных листьев помоложе, мелко-мелко порезать — и суп будет. Хорошо чесноку добавить — дает, говорят, бодрость; но чеснок весь вышел. Потом... опять листу надо — обманывать единственное живое, что нам осталось, — птиц наших. Они связывают нас с прошлым. Их надо поскорей выпустить, кузнечика хоть поймают. Они доживут до осени, а дальше... Не стоит думать. Кружились бы только с нами! Они отзываются на ласку, задремывают на коленях, затягивая пленочками зрачки. Они шумно слетаются из балок, заслышав обманное звяканье жестяной кружки, — не зерно ли?! — разговаривают даже с нами. Я хорошо понимаю Робинзона.

Итак, начинаем день.

В ВИНОГРАДНОЙ БАЛКЕ

Виноградная балка... Овраг? Яма? Нет: это отныне мой храм, кабинет и подвал запасов. Сюда прихожу я думать. Отсюда черпаю хлеб насущный. Здесь у меня цветы — золотисто-малиновый куст львиного зева, в пчелах. Только. Огромное окно — море. И — виноград зреет.

Отныне мой храм?.. Неправда. У меня нет теперь храма.

Бога у меня нет: синее небо пусто. Но шиферно-глинистые стены — мои хранители: они укрывают от пустыни. "Натюрморты" на них живут — яблоки, виноград, груши...

Я спускаюсь по сыпучему шиферу, оглядываю свои запасы. Плохо на яблоньках: поела цветы "мохнатая оленка". Тысячи их налетали, когда яблони стояли в цвету, падали в белые чашечки, сосали-грызли золотые тычинки. Я выбирал их, спящих — они задремывали к полудню. Вот одичавший персик, с каменной мелочью, черешня, в усохших косточках, оклеванная дроздами. Айва бесплодная, в паутинных коконах, заросли розы и ажины.

Грецкий орех, красавец... Он входит в силу. Впервые зачавший, он подарил нам в прошлом году три орешка — поровну всем... Спасибо за ласку, милый. Нас теперь только двое... а ты сегодня щедрее, принес семнадцать. Я сяду под твоей тенью, стану думать...

Жив ли ты, молодой красавец? Так же ли ты стоишь в пустом винограднике, радуешь по весне зеленью сочных листьев, прозрачной тенью? Нет и тебя на свете? Убили, как все живое...

Хорошо сидеть в утренней тишине Виноградной балки, ото всего закрыться. Только — лозы... рядками тянутся вверх, по балке, на волю, где старые миндальные деревья, — прыгают там голубые сойки. Какое покойное корыто! Откосы, один — тенистый, солнцем еще не взятый; другой — золотой, горячий. На нем груши-молодки в бусах.

Взглянешь назад — синее окно, море! Круто падает балка, и в темном ее прорыве — синяя чаша моря: пей глазами!

Хорошо так сидеть, не думать...

Пустынным криком кричит павлин:

— Э-оу-а-аааа...

Нельзя не думать: настежь раскрыты двери, кричит пустыня. Утробным ревом ревет корова, винтовка стучит в горах — кого-то ищет. Над головой детский голосок тянет:

— Хле-а-ба-аааа... са-мый-са-ааа в пуговичку-ууу... са-а-мый-са-аааа....

Гремит самоварная труба. Это пониже нашего домика, соседи.

— Ах, Воводичка... какой ты... Я же тебе сказала...

Голос усталый, слабый. Это старая барыня, попавшая вместе с другими в петлю. При ней чужие, "нянькины дети": Ляля и Вова. Живут на тычке — бьются.

— Са-а-мый-с-а-аааа...

— Я же тебе сказала... Сейчас лепестков заварим, розовый чай пить будем...

— Хочу са-а-ла-аааа...

— Ну, что ты из меня душу тянешь!.. Ля-ля, да уведи ты его от меня, с глаз моих!..

Я слышу дробное топотанье и задохшийся, тонкий голосок Ляли:

— А-а... сала тебе?! Сала? Я тебе такого сала!.. Ухи тебе насалить?

— Ля-ля, оставь его... И потом, нельзя говорить... у-хи! У-ши! И как ты выражаешься: наса-лить! На что это похоже! А я-то еще хотела с тобой по-французски заниматься...

По-французски! У смерти... — и по-французски. Нет, права она, старая, милая барыня: надо и по-французски, и географию, и каждый день умываться, чистить дверные ручки и выбивать коврик. Уцепиться и не даваться. Ну, какие самые большие реки? Нил, Амазонка... Еще текут где-то? А города?.. Лондон, Нью-Йорк, Париж... А теперь в Париже...

Странно... когда я сижу так, ранним утром, в балке и слышу, как гремит самоварная труба, я вспоминаю о Париже, в котором никогда не был. В этой балке, и — о Париже! Это на каком-то другом свете... И есть ли этот Париж? Не исчез ли и он из жизни?..

Вот почему я вспоминаю о Париже: моя соседка рассказывала, бывало, как она жила за границей, училась в Берлине и в Париже... Так далеко отсюда! Она.. в Париже! Она бродит в вязаном платочке, унылая и больная, щупает себя за голову, жует крупку... Видала Париж, в Булонском лесу каталась, стояла перед Венерой и Нотр-Дам!.. Да почему она здесь, на тычке, у балки?! Бьется с чужими детьми, продает последние ложечки и юбки, выменивает на затхлый ячмень и соль. Боится, что отнимут у ней какой-то коврик... Каждую ночь дрожит — вот придут и отнимут коврик, и этот платок последний, и полфунта соли. Чушь какая!

Париж?! Какой-то Булонский лес, где совершают

14

предобеденные прогулки в экипажах, — у Мопассана было... и высится гордым стальным торчком прозрачная башня Эйфеля?! .. гремит и сейчас: в огнях?!! и люди весело и свободно ходят по улицам?!.. Париж... — а здесь отнимают соль, повертывают к стенкам, ловят кошек на западни, гноят и расстреливают в подвалах, колючей проволокой окружили дома и создали "человечьи бойни"! На каком это свете деется? Париж... — а здесь звери в железе ходят, здесь люди пожирают детей своих, и животные постигают ужас!..

На каком это свете деется? На белом свете?!!

Нет никакого Парижа-Лондона, пропал и Париж, и все. Вот работа кинематографам, лента на миллионы метров! Великие города — великих! Стоите ли вы еще? Смотрите наши ленты? Кровяных наших лент на сотни великих городов хватит, на миллионы зевак бульварных, зевак салонных — в смокингах и визитках, в пиджаках и рабочих блузах... и в соболях с чужого плеча, и в бриллиантах, вырванных из ушей! Смотри, Европа! Везут товары на кораблях, товары из стран нездешних: чаши из черепов человечьих — пирам веселье, человечьи кости — игрокам на счастье, портфели из "русской" кожи — работы северных мастеров, "русский" волос — на покойные кресла для депутатов, дароносицы и кресты — на портсигары, раки святых угодников — на звонкую монету. Скупай, Европа! Шумит пьяная ярмарка человечьей крови... чужой крови.

Цела Европа? Не видно из Виноградной балки. Как там — с ..."правами человека"? В Великих Книгах — все ли страницы целы?..

О Париж!.. Отсюда, из глухой балки, нездешним грезится мне этот далекий Париж, призрачный город сказки. Нездешним, как мои сны — нездешние. Там не смеется камень: покорно положен в ленты. Голубые огни на нем, и люди его — нездешние. Победно гремят оркестры на золотых трубах, а прозрачное чудо стали засматривает на край земли, ловит все голоса земные... Слышит ли этот голос пустых полей, шорох кровавых подземелий?.. Это же вздохи тех, что и тебя когда-то спасали, прозрачная башня Эйфеля! Старуха седая занесла на свои скрижали.

Не слышит. Гремят золотые трубы...

— Хл е-э-ба-аааа...

А где-нибудь громадные булочные открыты, за окнами, на полках, лежат свободные караваи, лежат до вечера... Да есть ли?!

— Сил моих нету, Го-споди... Ляля, да возьми от меня

15

Воводю! Няня сейчас придет... Ну, дай ему грушку погрызть, что ли... И когда только эта мука кончится!..

Кончится! Она только еще подходит. Вон — Безрукий, слесарь из Сухой балки, вчера съел рыженькую собачку Минца... А на той неделе я видел, как его жена еще пекла из муки лепешки. У нас еще есть миндаля немного... А у ней, кажется, есть коврик и какое-то необыкновенное ожерелье... хрустальное ожерелье — из Парижа! Не знает, какая бывает мука! И как она может кончиться?! Это — солнце обманывает, блеском, — еще заглядывает в душу. Поет солнце, что еще много будет праздничных дней чудесных, что вот и виноградный, "бархатный" сезон подходит, понесут веселый виноград в корзинах, зацветут виноградники цветами, осенними огнями... Всегда будет празднично-голубое море, с серебряными путями.

Умеет смеяться солнце!

А вот скоро ветры сорвутся с Чатырдага, налягут на Палат-Гору снеговые тучи, от черного Бабугана натянет ливни — тогда...

А теперь... — яхонты вон горят на лозах, теплые, в нежном мате... золотится "чауш", розовая "шасла", "мускат" душистый... как смородина черная — "мускат" черный, александрийский... На целую неделю сладкого хлеба хватит! цветного хлеба!..

Я иду по рядам, выбираю на суп листочки, осматриваю грозди. Ночью собаки были — погрызли и разбросали. Голодные собаки? Вряд ли: собаки все ночи пируют в балке, где пала лошадь. Я слышал, как они там рычали. Конечно, это курочки и павлин — день за днем добывают мои запасы.

Пусть винограда мало, но как чудесно! Ведь это мой труд, последний. Весной я окопал каждую лозу, выломал жировые плети, вбил колья в шифер и подвязал побеги. Тогда... — как это давно было! — у этого кривого кола я сидел, смотрел на синюю чашу моря, глядевшегося в прорыве. Пылала синим огнем чаша. Великий ее создал: пей глазами!

И я ее пил... сквозь слезы.

ХЛЕБ НАСУЩНЫЙ

Я подымаюсь из балки с ворохом виноградных листьев. Хлеб насущный!

— С добрым утром!

А, голосок знакомый! Стоит босоногая Ляля за кипарисом — восьмилетка, косит глазом. На ней — единственная ее — белая кофточка и красная юбка, с весны самой. Прозрачная она, хрупкая, беленькая, хоть и всегда на солнце. Светлые глазки ее стреляют — русские глазки, умные. К Бабугану стрельнули — и поймали:

— Глядите, автомобиль на Ялту! Вчера целых три прикатило! Это зеленых ловят...

— Все-то знаешь! А кто такие эти — зеленые?

— А которые не сдаются... в лесах по горам хоронятся... я знаю.

Крутится по лесным холмам облачко, бежит дальше. Доносит трескуче-дробно: катит автомобиль невидный.

Перескочили на виноградник:

— Глядите-ка, опять в винограднике Павка был! Перышко потерял... А у вас сегодня Тамарка миндаль сжевала!..

— Значит, миндальное молоко будет.

Смеется Ляля слабым смешком, не как раньше. А глаза не смеются — выискивают дали. И глаза светло-синие, как дали.

— У Минца... корову вчера угнали... — говорит Ляля робко.

— Слыхал. А Безрукий рыженькую собачку съел?

— Какая к вам-то все прибегала, хвостик букетиком. Поляк... что ему! Они все есть могут. Он и кошку у него заманил! Ей-богу! — спешит сообщить Ляля. — У него клетка есть, с такой гирькой... на ночь привесит конятинки — хлоп! Слесарь... Мне, говорит, теперь наплевать на голод, кошками премудрую. А что, вкусные кошки?

— Ничего будто. А ты как... ела сегодня?

— Ели... — нетвердо говорит Ляля и смотрит в балку.

— Та-ак... Значит, ели... Верно?

— Вот придет няня... — краснеет она, катает ногой кипарисовую шишку. — Давайте я понесу... Листу-то ско-олька-а!

Она ни за что не скажет, что не ели, что понесла няня продавать коврик.

— А Рыбачиха-то не сдюжила, продали корову-то, Маньку! У них очень семейство большое, ребят что опят...

17

Она говорит, как взрослая — всегда серьезна. Пытливая у ней голова: все знает, что делается в округе, в городке, у моря.

— Еще что скажешь?

Она смущенно стоит у порога кухни, трет одну ногу о другую, следит, как кромсаю лист.

— Индюшка-то ваша вчера у доктора на тычке была, чашку в кухне расколотила!.. — косит Ляля на меня глазом, — не поговорю ли я с ней об индюшке, — но я молчу. Поинтересней надо? — А у Вербы-то какое горе!

— А что такое?

Она вспыхивает, поблескивает глазами: она довольна. Складывает на груди руки, как ее мать-няня, и начинает сокрушенно:

— А как же... этой ночью у них гуся украли!

— Да ну-у?

— Украли, как же... и голоску не подал. Да гляньте воньте... только один гусь гуляет!..

От кухни всю Вербину горку видно. Верно: один только гусь гуляет. За ним павлин ходит, землю долбит.

— Ох, некому больше, как дядя Андрей... — шепотком говорит она и глядит через балку: за пустырем павлиньим — не видная за горбом Тихая Пристань. — Уж такой-то вредный мужик! Некому, как ему. Слышим ночью — уж так-то жареным гусем пахнет, не продыхнуть. А это к нам ветерком наносит, от них ведь ветер-то по ночам, от Бабугана... Так-то шкварочками... да сальцем... ужас!

Я слышу, как во рту у Ляли полно слюны, как она делает горлом. Надо ее отвлечь:

— А что такое случилось... учительница вчера Вербененка отчитывала? Не слыхала?

— Да как же! — оживляется Ляля и опять подбирает руки. — Идет Прибытка, учительница... из городу шла. Идет Амидовым виноградником, а уж к ночи было. А она плохо видит, в пинснях... Собаки, — сперва думала... А как пила хрипит! Подошла поближе, глядит... а это вербенята — озорники хо-о-о-ро-шую грушу пилят! Садову грушу. "Бэру"... вот такие на ней груши! Ну, а теперь никакого порядка, все плетни развороченны, хоть скрозь гуляй... "Вы что тут делаете?! Разве можно пилить садовое дерево?!" — как заругалась! Они — ти-кать! Ведь не можно садовое дерево? Сколько уходу было... А стра-ху нет. Уж она их начитывала!..

— Вот что, газетка... Вот тебе маленькая лепешка... поделишься с Володей.

18

Она вся вспыхивает и пятится, а глаза не могут оторваться от лепешки. Она даже отмахивается в испуге:

— Ай, что вы... да не надо, что вы... Ну, зачем же... не надо. У нас же есть же...

Ее надо поймать за плечо и дать насильно.

— Ну, зачем это... — у самих мало... Ну, спаси-бочко вам... Ба-льшое спасибо! ба-а-льшое... — смущенно захлебывается Ляля, разглядывая лепешку, и все пятится, пятится в кипарис.

Сначала она отходит тихо, сдерживает себя, — и вдруг, помчится-помчится! Мелькнет за кипарисами красная юбочка, голые ноги, отшлифованные загаром, блеснут у обрыва в балку — и слышится придушенный голос: "Володя! Володичка!" Я знаю, что сейчас появится на моей границе, за колючей оградой, пятилетний белоголовый Володя — благодарить. Вежливости их учит старая барыня, жившая в Париже... Вот уж и появляется он под своими дубками, за моим садом, в белой, пестро заплатанной рубашке, в штанишках — наполовину коричневых, из барыниной кофты, наполовину своих, белых, — кричит звонко-звонко:

— Ба-а-ль-шо-е!.. спа-сибочко... ба-аль-шо-е!

Есть еще детские голоски, есть ласка. Теперь люди говорят срыву, нетвердо глядят в глаза. Начинают рычать иные.

Я выпускаю кур, индюшку с курочками. Отныне и до... — пусть до завтра! — это наше родное, кому открываешь душу. Свидетели нашего умирания. Все поверяешь им, и они так умеют слушать!

Проволочным крючком, через отдушину наверху, вылавливаю я кол, подпирающий изнутри дверку, — хитрый запор голодного времени! — и с гулом сыплется на меня онемевшая за ночь птица.

Живы, мои родные! С новым утром!

Они кипят под ногами, не давая ступить, заглядывают в лицо и в руки. Зерна! Зерна! Они бегают за мной стайкой, вывертывают шейки, не чуя, что под ногами, спотыкаются на бегу, подпрыгивают, как собачки, мечутся в беспокойстве: поставят ли перед ними чашки? Носится поджарая, подтянутая индюшка — бутылочка на ножках:

— ...Пуль-фьё... пуль-фьё...

Эх вы, горевая птица! Ты, беленькая Торпедка, совсем ослабла: стоишь, пленкой затягиваешь глазки... И ты, Жемчужка, невеселая. А ты, Жаднюха, упомнила оставленную вчера кефалью головку, которую принесла из балки, всеми исклеванную, и так же упрямо долбишь. Поди ко мне на руки, маленькая, пошепчи на ухо... А, ты засматриваешь в кармашек,

19

гдс, помнишь, когда-то лежали зерна... Там когда-то и часы лежали... Вот, есть у меня для тебя немного... Ну? Раз, два... десять... двенадцать зерен! Чего же не долбишь в пустую руку? Ну, что же мне вам сказать? Какую новость? Вот. Дошло и до вас дело. За горкой внизу живут "дяди", которые любят кушать... и курочек любят кушать! Как бы не пришли за вами, отбирать "излишки"! Пять курочек еще можно, а у меня вас больше. Вот, пожалуй, и отберут у меня "излишки"... Ну, не будем думать.

Я даю им пареный лист в чашках. Они дерутся из-за него, вытаскивают мохрами, прячут, давятся, набивают зобы. Стоят и долбят в пустые чашки. А ястреба уже стерегут по балкам.

Смотрю я, думаю, вспоминаю... хочу осмыслить... Сон кошмарный? В плен к дикарям попался?.. Они все могут! Не могу осмыслить. Я ничего не могу, а они все могут! Все у меня взять могут, посадить в подвал могут, убить могут! Уже убили! Не могу осмыслить (или я одичал, разучился думать? разучился мыслить?!). А для чего теперь нужно мыслить! Мыслить, и вот — на одной чашке с ними...

Я слышу сигнал, неистовый голос Ляли, — только она так может:

— Ай-йу-а-ай!..

Дикий, пустынный крик — похожий на крик павлина.

А, налетает ястреб! К осени ястреба лютеют.

Ее крик слышен на версты — и на море, и по дальним балкам. Ястреба ее хорошо знают, красную ее юбку, приметную издалека, ее острые глазки, стреляющие по горам и в небо, — боятся и ненавидят. Подстерегают ее в дубовых чащах, впиваются хищными зрачками: так бы и разорвали! Ее понимают куры, все птицы... Сама она похожа на белую голубку. Закричит тревожно — и всюду по горкам поднимаются крики и хлоп ладошей: вопят на своей горке вербенята, визжит Рыбачихино семейство, на пшеничной котловине, на Тихой Пристани, у Прибытков, далеко внизу, по холмам, на умирающих дачках, у кого только доживают куры, последнее живое. Столько над ними дрожали, укрывали, когда ходили отбирать "излишки" — портянки, яйца, кастрюльки, полотенца... Укрыли. А теперь ястребов боятся, стервятников крылатых.

Низко плывет по балке стервятник, завинчивает полетом. Палевым отливает на его крыльях солнце. Сбил его с ходу неистовый крик Лялин. Летит на дубки, за балку, притаивается в чаще.

Теперь я хорошо знаю, как трепещут куры, как забиваются

20

под шиповник, под стенки, затискиваются в кипарисы — стоят в дрожи, вытягивая и вбирая шейки, вздрагивая испуганными зрачками.

Хорошо знаю, как люди людей боятся, — людей ли? — как тычутся головами в щели, как онемело роют себе могилы.

Ястребам простится: это ИХ хлеб насущный.

Едим лист и дрожим перед ястребами! Крылатых стервятников пугает голосок Ляли, а тех, что убивать ходят, не испугают и глаза ребенка.

ЧТО УБИВАТЬ ХОДЯТ

Кто-то верховой едет... кто такой?..

Подымается из-за бугра к нам, на горку... А, мелкозубый этот!.. Музыкант Шура. Как он себя именует — "Шура-Сокол". Какая фамилия-то лихая! А я знаю, что мелкий стервятник это.

Кто сотворил стервятника? В который день, Господи, сотворил Ты стервятника, если Ты сотворил его? Дал ему образ подобия Твоего... И почему он Сокол, когда и не Шура даже?!

Покорный конек возит его по горкам — хрипит, а возит. Низко опустил голову, челка к глазам налипла, взмокшие бока ходят: трудно возить по горкам. Покорен конек российский: повезет и стервятника — под гору повезет и в гору, хоть на Чатырдаг самый, хоть на вихор Демерджи, пока не сдохнет.

Я отворачиваюсь, за кипарис кроюсь. Или стыдно мне моих лохмотьев? Моей работы?

Как-то, тоже в горячий полдень, нес я мешок с землею. И вот, когда я плелся по камню, и голова моя была камнем — счастье! — вырос, как из земли, на коньке стервятник и показал свои мелкие, как у змеи, зубы — беленькие, в черненькой головке. Крикнул весело, потряхивая локтями:

— Бог труды любит!

Порой и стервятники говорят о Боге!

Вот почему я кроюсь: я слышу, как от стервятника пахнет кровью.

Он одет чисто, в хорошей куртке, а кругом все в лохмотьях. Он порозовел, округлился, налился даже, а все тощают, у всех глаза провалились и почернели лица. Один он на коньке ездит, когда все ползают на карачках. Такой храбрый!

Я давно его знаю, три года. Он проживал на самой высокой даче, которую называли "Чайка". Поигрывал на рояле. Живут мирные дачники — живут тихо. Спускаются по балкам к морю — купаться. Любуются на горы — как чудесно! Раскланиваются с округой: "Добрый вечер!" И, конечно, исправно платят. Звонкая была "Чайка", молодая дача. И молодые женщины на ней жили — врачи, артистки, — кому необходим летний отдых.

И вот подошло время. Пришли и в городок люди, что убивать ходят. Убивали-пили. Плясали и пели для них артистки. Скушно!

— Подать женщин веселых, поигристей! Подали себя женщины: врачи, артистки.

— Подать... кро-ви!

Подали и крови. Сколько угодно крови!

И вот, когда все, как трава, прибито, раскатывает Шура-Сокол на лошадке. Недаром он поигрывал на рояле, поглядывал с самой высокой дачи — стервятники приглядывают с верхушек! — многие уже... "высланы на север... в Харьков..." — на том свете. А Шура кушает молочную кашку, вечерами и теперь поигрывает на рояле, перебрался в дачу поудобней и принимает женщин. Расплачивается мукой... солью... Что значит-то быть хорошим музыкантом!

Что же теперь... за топливом, по балкам?.. Хорошо забраться в глубокую-глубокую балку, стены чтобы отвесные... хорошо, никого-ничего не видно. Но надо и сторожить, чтобы не кинулись куры в виноградник. Сесть на откосе виноградной балки... сидеть и думать... О чем думать? А где у меня кресло? В моей балке можно думать только о... Ни о чем нельзя думать, не надо думать! Завтра будет все то же. И дальше — то же. Сиди и смотри на солнце. Жадно смотри на солнце, пока глаза не стали оловянной ложкой. Смотри на живое солнце! А то скоро — ветры задуют, дожди зарядят, загремят штормы... Черти начнут бить в стены, трясти наш домик, плясать по крыше. Тогда у огонька сидеть будем... Живут дикари, и ничего, счастливы! Ничего-то не знают, ничему не учены. Счастливые: нечего им лишиться! Читать книги? Вычитаны все книги, впустую вышли. Они говорят о той, о той жизни... которая уже вбита в землю. А новой нету... И не будет. Вернулась давняя жизнь, пещерных предков.

Книги... О них я думаю часто. Войдешь в домик — вон они, в темном углу лежат сиротливой стопкой. Мои "путевые" книги... Смотреть больно. И они уже "высланы" куда-то. И к ним протянулась кровавая лапа.

Когда это было? Вот уже год скоро. День был тогда холодный. Лили дожди — зимние дожди с дремуче-черного Бабугана. Покинутые кони по холмам стояли, качались. Белеют теперь их кости. Да, дожди... и в этих дождях приехали туда, в городок, эти, что убивать ходят... Везде: за горами, под горами, у моря — много было работы. Уставали. Нужно было устроить бойни, заносить цифры для баланса, подводить итоги. Нужно было шикнуть, доказать ретивость пославшим, показать, как "железная метла" метет чисто, работает без отказу. Убить надо было очень много. Больше ста двадцати тысяч. И убить на бойнях.

Не знаю, сколько убивают на чикагских бойнях. Тут дело было проще: убивали и зарывали. А то и совсем просто: заваливали овраги. А то и совсем просто-просто: выкидывали в море. По воле людей, которые открыли тайну: сделать человечество счастливым. Для этого надо начинать — с человечьих боен.

И вот — убивали, ночью. Днем... спали. Они спали, а другие, в подвалах, ждали... Целые армии в подвалах ждали. Юных, зрелых и старых — с горячей кровью. Недавно бились они открыто. Родину защищали. Родину и Европу защищали на полях прусских и австрийских, в степях российских. Теперь, замученные, попали они в подвалы. Их засадили крепко, морили, чтобы отнять силы. Из подвалов их брали и убивали.

Ну, вот. В зимнее дождливое утро, когда солнце завалили тучи, в подвалы Крыма свалены были десятки тысяч человеческих жизней и дожидались своего убийства. А над ними пили и спали те, что убивать ходят. А на столах пачки листков лежали, на которых к ночи ставили красную букву... одну роковую букву. С этой буквы пишутся два дорогих слова: Родина и Россия. "Расход" и "Расстрел" — тоже начинаются с этой буквы. Ни Родины, ни России не знали те, что убивать ходят. Теперь ясно.

В это утро ко мне постучали рано. Не те ли, что убивать ходят? Нет, пришел человек мирный, хромой архитектор. Он сам боялся. А потому услуживал тем, что убивать ходят...

Вот теперь сижу я на краю Виноградной балки, вглядываюсь в солнечные горы... Те ли самые эти горы, какие были совсем недавно? На этом ли они свете?!..

И вот я вспоминаю...

— Вот, пришлось и к вам... — смущенно говорит архитектор и не смотрит. — Ужасная погода... высоко живете... Приказали описывать и отбирать книги... Соберут и пошлют куда-то... Конечно, я понимаю...

Он потеет, несчастный архитектор. Он работает из-за полфунта соломенного хлеба, из-за страха.

— Под страхом предания... военного трибунала! "вплоть до расстрела"!!!..

Он смотрит округлившимися, птичьими глазами — а в них ужас.

— Знаю. И швейные машинки, и велосипеды... Но у меня здесь нет библиотеки! У меня только Евангелие и две-три мои книги!..

— Я уж и не знаю... ну-жно!..

Архитектор, человек искусства... Он не прошел мимо. Он ревностно ковылял под дождем, по грязи, на горы, через балки, на хромой ноге, чтобы добить душу. Но ему хочется жить бедняге, и... он доведен до точки!

Я уж и не знаю... Ну, хоть расписку дайте... вопрос неясный... Напишите, что отвечаете за их сохранность...

— За мои книги?! Я... за свою работу?!..

Мы — сумасшедшие?!.. Он не мог уйти без расписки. Он умолял словами, глазами, которым было трудно смотреть в глаза, хромой ногою. И я выдал ему расписку.

Мне больно теперь смотреть в полутемный угол, где стопочка книг "учтенных". И ты, маленькое Евангелие! Мне больно, словно и Его я предал.

Дожди тогда были... Укрылись дождями горы, свинцовой мутью. Лошади по холмам стояли — покинутые кони. Стояли — ждали. И падали. А по одиноким дачкам, ходил и ходил хромой архитектор и отбирал книги... А люди совались головами в щели. Фу, сон кошмарный!..

Не надо думать. Какое жгучее солнце!

Выше подымается, напекает. По горам жаровая дымка, начинают синеть и мерцать горы. Движутся, ожидают. Смотрят. И солнце — плавится и играет в море.

Мои огурцы совсем пожухли и покрутились, рыжие гряды совсем разделись. Помидоры помертвели и обвисли. Курочки ушли в балки. Павлин стоит в тени, у своей дачки, — кричать жарко. Из балки выбирается Тамарка, несет на горку пустое вымя.

А ты что же, маленькая Торпедка, не пошла со всеми?

Стоит под кипарисом, поклевывает головкой, затягивает глазки. Я понимаю: она уходит. Я беру ее на руки. Как пушинка! Что же... так лучше. Ну, посмотри на солнце... ты его любила, хоть и не знала, что это. А там вон — горы, синие какие стали! Ты и их не знала, а привыкла. А это, синее такое, большое? Это — море. Ты, маленькая, не знаешь. Ну, покажи свои глазки... Солнце! И в них солнце!.. только совсем другое — холодное и пустое. Это — солнце смерти. Как оловянная пленка — твои глаза, и солнце в них оловянное, пустое солнце. Не виновато оно, и ты, Торпедка моя, не виновата. Головку клонишь... Счастливая ты, Торпедка, — на добрых руках уходишь! Я пошепчу тебе, скажу тебе тихо-тихо: солнце мое живое, прощай! А сколько теперь больших, которые знали солнце, и кто уходит во тьме!.. Ни шепота, ни ласки родной руки... Счастливая ты, Торпедка!..

Она тихо уснула в моих руках, маленькая незнайка.

Полдень высокий был. Я взял лопату. Ушел на предел участка, на тихий угол, где груды камней горячих, выкопал ямку, положил бережно, с тихим словом — прощай, и быстро засыпал ямку.

Вы, сидящие в креслах мягких, может быть, улыбнетесь. Какая сентиментальность! Меня это нимало не огорчает. Курите свои сигары, швыряйте свои слова, гремучую воду жизни. Стекут они, как отброс, в клоаку. Я знаю, как ревниво глядитесь вы в трескучие рамки листов газетных, как жадно слушаете бумагу! Вижу в ваших глазах оловянное солнце, солнце мертвых. Никогда не вспыхнет оно, живое, как вспыхивало даже в моей Торпедке, совсем незнайке! Одно вам брошу: убили вы и мою Торпедку! Не поймете. Курите свои сигары.

НЯНИНЫ СКАЗКИ

Когда же, наконец, солнце потонет за Бабуганом?! Скорей бы... Упадет ночь, звезды стрелками будут плавать в море. Только оно и будет. Ни дач, ни холмов, ни балок — темный порог за моим садом, а за порогом темное море в стрелках. Поверить можно, что где-то на океане, как Робинзоны. Только бы забыться — и поверишь. Никто не придет, не будет давить душу. Кончились люди, только кроткие курочки, павлин — райская птица. Серенькие "волчки", пичуги, будут деловито порхать, прятаться в кипарисах, утрами будут стрекотать сойки...

Как ни старайся — не отмахнешься. Вон за изгородью шаги, опять кто-то... Плохо начался день сегодня.

— Добрый день, барин!

Насмешка теперь это слово — барин! У ней не насмешка, а привычка. Это плетется из городка соседка-няня, идет — мотается. Одета оборванкой, на ногах дощечки. В руках охапка чубука и палок, которые она набрала дорогой, — все годится. Лицо испитое, желтое, глаза ввалились. С такими лицами выходят из больницы, после тяжкой болезни.

Я знаю, что она станет жаловаться, облегчать душу, и я не могу не слушать: ведь она — от народа, и ее слово — от народа.

— Что же это теперь будет?.. Хлеб-то сегодня... двенадцать тысяч! да и его-то нету! На базаре ни к чему не приступишься, чисто все облюте-ли!..

Она пытает меня округлившимися от тревоги глазами, но ... что тут скажешь?

— Иду-гляжу... сидит у Ялы народ, у пустых возов... убиваются — плачут! Чего такое?.. Вон что! На перевале остановили-обобрали... все-то все отняли, кто чего в степи выменял на последнее! Открытый разбой пошел... И на степи-то, сказывают, го-лод! Куда ж это все подевалось-то? Да степь-то наша валом завалена была, на годы прямо! Тить-ти какие дела пошли... а! Что уж рыбаки наши... вольный прямо народ... а и те заслабли! А какая теперь рыба! Камсы-то ждать... на весну ей ловиться, эн когда!..

Шура-Сокол объехал горку, нагляделся на горы-море, вынул серебряный портсигар, закурил папироску — душистый табак ламбатский. Шажком прогуливает. Нянька поджала тонкие губы — выжидает, когда проедет, так и прощупывает глазами.

— Налился-то как... через хлещет! По три кружки одного молока ду-ет! Вот ты и погляди-и... И курочки, и яички, и... И отку-дова что берется! А ты хоть тут подохни!.. Копеечки негде заработать. А бывало-то, бархатный-то сезон... Стиркой, бывало, да больше двух рублей заработаешь! А на базар-то придешь... го-ры! И сала тебе, и барашка, и яички... и красненькие-то, и синенькие, и... А хлеб-то какой был, пу-ух пухом!..

Скучно слушать, а она ищет у меня утешения, какого-то "слова верного". Нет у меня никакого слова. Я хочу оборвать последнее, что меня вяжет с жизнью, — слова людские.

— Ходила в этих вот... в советских садах работать... — полфунта хлеба! да ка-кого! — одна мякина. Еще вина полбутылки. А денег нет, не отпечатали! Как, говорит, отпечатаем, тогда... А говори-ли-то-о!.. Озолотим на всю поколению! Вот и колей, поколение-то оно какое! А мне чего с детьми полфунта? А по садам кто работает, с полбутылки валются... голодные! Ребятишкам вино дают, мальчишки пьяне-ошеньки... Всем, значит, помирать скоро?..

И я говорю ей "слово":

— Что ж, и помирать придется.

Она даже бросает хворост.

— Да ведь о-бидно! Ни во что ведь вышло-то все! Насулили-намурили — берись теперь! Я про себя не говорю — детей жалко. Старшие у меня на ноги хоть стали, а эти!.. Барыня уже все распроменяла, вот-вот сама-то завалится... А что я вам скажу... — шепотком говорит нянька и все оглядывается, — комиссара вчерась убили, на перевале! Леня вчера в Ялтах был, слыхал. Продовольственный комиссар наш, на машине ехал... хотел с деньгами на родину тикать. Сичас из лесу выходят с ружьями... отчанные, не боятся! Ну, конечно, зеленые. Рангелевцы, не признают которые... Стой! Ершов фамилия? Все им известно! Долой слазь! Жену с детьми не тронули, отойти велели. А того сейчас цепями к машине прикрутили, горючкой полили и зажгли. Сго-рел! Мы, говорят, за народное право, у нас, говорят, до всего досмотр!.. А?!

Она пытает меня жадными глазами, все "верного слова" ждет.

— А сейчас иду по бугорочку, у пристава дачи, лошадь-то зимой пала... гляжу — мальчишки... Чего такое с костями делают? Гляжу... лежат на брюхе, копыто гложут! грызут-урчат. Жуть взяла... чисто собачонки. Вот подкатило-подкатило — сблевала, простите сказать... да не емши-то... Ну, вот... за

28

коврик бархатный три фунтика всего дали ячменьку... а завтра-то чего будем?.. Уж скорей бы!

Она машет рукой, забирает палки и уходит — качается, вот-вот споткнется. Не чует она, что скоро у нее случится, как будет варить кашу из пшеницы... с кровью! Или чует? Я теперь вспоминаю... В ее глазах был тогда неподдельный ужас... Часто говорила она о своем Лене — собирался на степь поехать, за что-то добыть пшеницы...

А еще совсем недавно она ждала, что всем раздадут и дачи, и виноградники, всем, как она, "трудящим", и будут они жить, как господа жили. Наше будет! Слыхала она "верное слово", как орал матрос на митинге:

— Теперь, товарищи и трудящие, всех буржуев прикончили мы... которые убегли — в море потопили! И теперь наша советская власть, которая коммунизм называется! Так что дожили! И у всех будут даже автомобили, и все будем жить... в ванных! Так что не жись, а едрена мать. Так что... все будем сидеть на пятом этаже и розы нюхать!..

Ну, вот. Ступай и бери: виноградники, и сады, и дачи, все — бесхозяйное, все — пустое!

— А ведь забыла! — окликает нянька. — Иван Михалыч вам кланяться наказали, зайтить хотели! На базаре попался. Вот уж страсти! Не узнала и не узнала... — рваный, грязный, на ногах тряпки наверчены, еле идет с палкой. Гляжу, — старичок какой-то нищий стоит у ларя, у грека, кланяется — просит... а грек и говорит: "Господин професхор, пожалуйте вам!" В корзиночку ему три грецких орешка положил и картошек пару. Ма-тушки! Иван Михалыч! А дача-то какая у них была! Я ведь на них стирывала, бывало. Книг полна комната, и все-то пишут! А теперь с голоду помирают, ста-аренькие стали. Признали меня и говорят: "Вот, Тимофевна, народушко-то наш праведный за труды-то мои как отблагодарил! на пенцию-то мою воробьиный мне паек выписал!" Ведь это как сказал-то! И верно, что вы думаете... дураки-то мы, ничего не разумеем... Какой такой воробьиный? "А по фунту хлеба... на месяц!" Что вы думаете, верно! "Вот и бумажка с печатью всенародной прислана". Вынул бумажку, греку подал, а сам все кланяется, трясется. Стал грек разбирать-читать, еще подошли люди. Верно! По тыще рублей на месяц, насмех! А хлеб-то нонче... двенадцать тысяч фу-унт! Говорить стали которые, а тут с ружьем подошел, прислушал. "Над нашей властью смеешься, старый черт?" И всякими словами! Тебе, говорит, сдохнуть давно пора, а ты еще за народным хлебом трафишься! И всех разогнал. Да еще грозился подва-лом! Какой народ дерзкий... А какая дача-то была-а...

Ушла, наконец. В Глубокую балку уйти? Рубить, рубить... А павлин и там слышен. Солнце словно заснуло, за Бабуган не хочет. А, Жаднюха заявилась, на мои руки смотрит... Ага, у меня миндалек, вот что. Я разламываю его на крошечки. Ну, поди ко мне, ласковая моя. Давай-ка сядем, и я расскажу тебе сказочку...

Я усаживаюсь на краю балки, сажаю Жаднюху на колени и тихо глажу. Она начинает заводить глазки.

...Ну, слушай. Жил-был Иван Михайлыч, писал книжки. По этим книжкам и мы с тобой учились. Потом про Ломоносова писать начал. Ты, Жаднюха, даже и про Ломоносова не знаешь, как и Тимофевна, хоть ты и умная русская курочка... Тебе бы только миндалек есть. Ничего, ты честная курочка, и если тебя кормить, ты к Рождеству непременно отплатила бы мне яичком. Верно? Не спишь, плутишка... Знаю тебя, ты гордая курочка. Говорить только не умеешь. А если бы ты умела говорить... Ну, спи. С голоду спится. Так вот, про Ломоносова... Даже и премию ему дали... Была у нас в Питере такая Академия наук... Буржуи, конечно, там всякие сидели, "ученая рухлядь" всякая... Жаль, далеко ты не ходишь, а то бы послушала, как там, внизу, умные парнишки объясняют! Ну, вот эта самая "ученая рухлядь" за Ломоносово-то пре-мию Ивану Михайлычу дала, медаль золотую. Ну, и... золотую медаль у него грек купил, который ему орешка-то положил, или татарин там, или еще кто... за пуд муки. Вот ты легонькая какая стала, и Иван Михайлыч тоже... совсем облегчился, и остались у него только... ничего не осталось, один Ломоносов в голове! И стал Иван Михайлыч за хлебом по горам лазить, как ты по балкам. За уроки ему платили щедро: пол-фунта хлеба и хорошее полено! Чего ты испугалась! Ляля-то кричит... У меня спи спокойно, не дрожи... Да, полено. Очень уж он полену-то радовался! Человек старый, холодно зимой про Ломоносова-то писать, а за дровами-то в балку надо. Куда ему зимой в балку! А скоро и поленья перестали давать: некому и учиться стало, голод. И вот на прошенье Ивана Михайлыча — прислали ему бумагу, пенсию! По три золотника хлеба на день! А знаешь ли что, Жаднюха... да уж не спутали ли они? Может, это они про тебя прознали, что на горке такая умная курочка живет-голодает... да тебе и назначили?.. Ты чего опять? Мало, что ли?! Три-то золотника?!.. Тебе бы, дурашке, гордиться надо... Вот и рассказал тебе сказочку. Ну, гуляй. Ишь как Лярва-то прекрасно гуляет! Гуляй и ты.

Ковыляет по павлиньему пустырю, за балкой, кромая рыжая кляча — остов. Пройдет шага два — и станет. Понюхает жаркий камень, отсохшее, колкое перекати-поле. Еще ступит: опять камень, опять желтенькая колючка. Отведет голову на волю — море: синее и пустое. Отвернется, ступит. На ее боках-ребрах грязной медью отсвечивает солнце.

Это — кобыла Лярва, с дачи под пустырем, где старый Кулеш стучит колотушкой по железу, выкраивает из старого железа новые печки — в степь повезут обменивать на картошку. Давно не запрягает ее хозяин. Надорвалась весною, как возила тощенького старичка покойничка на кладбище, — с тех пор хиреет. Ходит старуха хитро, упасть боится. Упадет — не встанет. Приглядывается к ней Вербина собака, Белка: чует.

Умирающие кони... Я хорошо их помню.

Осенью много их было, брошенных ушедшей за море армией добровольцев. Они бродили. Серые, вороные, гнедые, пегие... Ломовые и выездные. Верховые и под запряжку. Молодые и старые. Рослые и "собачки". Лили дожди. А кони бродили по виноградникам и балкам, по пустырям и дорогам, ломились в сады, за колючую проволоку, резали себе брюхо. По холмам стояли-ожидали — не возьмут ли. Никто их не брал: боялись. Да и кому на зиму нужна лошадь, когда нет корму? Они подходили к разбитым виллам, протягивали головы поверх заборов: эй, возьмите! Под ногами — холодный камень да колючка. Над головой — дождь и тучи. Зима наступает. Вот-вот снегом с Чатырдага кинет: эй, возьмите!!

Я каждый день видел их на холмах — там и там. Они стояли недвижно, мертвые и — живые. Ветер трепал им хвосты и гривы. Как конские статуи на рыжих горах, на черной синеве моря — из камня, из чугуна, из меди. Потом они стали падать. Мне видно было с горы, как они падали. Каждое утро я замечал, как их становилось меньше. Чаще кружились стервятники и орлы над ними, рвали живьем собаки. Дольше всех держался вороной конь, огромный,— должно быть, артиллерийский. Он зашел на гладкий бугор, поднявшийся из глубоких балок, взошел по узкому перешейку и — заблудился. Стоял у края. Дни и ночи стоял, лечь боялся. Крепился, расставив ноги. В тот день дул крепкий норд-ост. Конь не мог повернуться задом, встречал головой норд-ост. И на моих глазах рухнул на все четыре ноги — сломался. Повел ногами и потянулся...

Если пойти на горку — глядеть на город, увидишь: белеют на солнце кости. Добрый был конь — артиллерийский, рослый.

Лярва подобралась к веранде, где вонючие уксусные

деревья. Вытянулись деревья — не даются. Так и будет стоять пока не возьмет хозяин. Ходит за ней павлин, поглядывает на ее хвост-мочалку — а пока землю долбит.

Некуда глаза спрятать...

По горам тени от облачков, играют тенями горы. Посветлеют и потемнеют.

ПРО БАБУ-ЯГУ

Я сижу на обрыве. Черная стена шифера падает в глубину — там в ливни шумят потоки. Вид отсюда — на весь Уголок внизу. Там, вдоль пустынного пляжа, уныло маячат дачки, создававшиеся любовно, упорным трудом всей жизни — тихий уют на старость. Там — весь Профессорский Уголок, с лелеянными садами, где сажались и холились милые розы, привитые "собственною рукой". Где кипарисами отмечались этапы жизни, где мысль покоряла камень. Где вы теперь, почтенные созидатели — профессора, доктора, доценты, — насельники дикого побережья земли татарской, близорукие и наивные, говорившие "вы" — камням? кормильцы плутов-садовников, покорно платившие по счетам мошенников всех сортов, занятые "прохождением Венеры через диск солнца", сторонники "витализма и механизма", знатоки порфиритов и диоритов, продумыватели гипотез, вскрыватели "мировой тайны"? Продумали вы свои дачки и виноградички! Без вас решены все тайны. Ваши дворники волокут на базар письменные столы и кресла, кровати и умывальники; книги ваши забрал хромой архитектор, а садовники ободрали ваши складные стулья и нашили себе штанов из парусины. Плюнули в кулаки — махом одним своколкли "рай" на землю! Где вы теперь, рассеянные мечтатели?..

Бежали — зрячие. Под землю ушли — слепые. "Читают" что-то за воблу, табак и полфунта соли — уставшие.

Дачки, дачки... Из той вон, серой, с черепичной крышей, взяли семерых моряков-офицеров доверчивых, — угнали за горы и... "выслали на Север"... А в этой, белой и тихой, за кипарисами, милый старичок жил, отставной казначей какой-то. Любил посидеть у моря, бычков ловить. Пятилетняя внучка камушки ему приносила:

— А вот сельдолик, дедя!

— Ну какой это сердолик! Нет, не сердолик это, а... шпат!

— Спать... А какой сельдолик, дедя?

— Такой... прозрачный, как твои глазки. А сейчас мы бычка изловим... Вот и поищи сердолика... а вот и бычок-шельмец!

Любил ранним утром, когда так хорошо дышать, пойти с травяной сумочкой на базар, за помидорчиками и огурчиками, за брынзой... Так и попался с сумочкой. Пришли люди с красными звездами, а он, чудак, за помидорчиками на базар идет, на синее море любуется, синий дымок пускает.

33

— Стой, тебе говорят, глухой черт! Почему шинель серая, военная? погонная?!

— А... донашиваю, голубчики... казначеем когда-то был...

— Чем занимаешься?

— Бычков ловлю... да вот, на базар иду. На пенсии я теперь, от Белого Креста пенсию получаю... вольный теперь казак.

— С Дону казак? За нами!

И взяли старичка с сумочкой. Увезли за горы. Сняли в подвале заношенную шинель казачью, сняли бельишко рваное, и — в затылок. Плакала внучка в пустой дачке, жалели ее люди: некому теперь за помидорчиками ходить, бычков ловить... Чего же, глупая, плакать?! За дело взяли: не ходи за помидорчиками в шинели!

Некуда глаза спрятать...

Вон, под Кастелью, на виноградниках, белый домик. До него версты три, но он виден отчетливо: за ним черные кипарисы. Какие оттуда виды, море какое, какой там воздух! Там рано расцветают подснежники, белый фарфор кастельский, и виноград поспевает раньше — от горячего камня-диорита, и фиалки цветут на целую неделю раньше. А какие там бывают утра! А сколько же там дроздов черных поет весною, и как там тихо! Никто не пройдет, не проедет за день. Вот где жить-то!..

Вчера ночью пришли туда — рожи в саже. Повернули женщин носами к стенке: не подымать крику! Только разве Кастель услышит... Последнее забрали: умирайте. А на прощанье ударили прикладом: помни! А этой ночью вон за той горкой...

Поторкивает-трещит по лесистым холмам — катит-мчит. Автомобиль на Ялту? Пылит по невидимой дороге. В горы, в леса уходит. Автомобили еще остались, кого-то возят. Дела, конечно. Без дела кто же теперь кататься будет! Я смыкаю глаза в истоме, дремотно, сквозь слабость слышу: то наплывает, то замирает торканье. Грохот какой ужасный, словно падают горы. Или это кровью в ушах гудит, шумит водопадами в голове... С чего бы это? Кружится голова — вот-вот упадешь, сорвешься. А, не страшно. Теперь ничего не страшно.

Я опираюсь на кулаки, вглядываюсь к горам сквозь слабость. Зеленое в меня смотрит, в шумах — дремучее... Погасает солнце, в глазах темнеет... Ночь какая упала! Весь Бабуган заняла, дремучая. Дремучие боры-леса по горам, стена лесная. Это давние те леса. Их корни везде в земле, я их вырубаю мукой. О, какие они дремовые — холодом от них веет лесным подвалом! Грызть-продираться через них надо, железным зубом. Шумит-гремит по горам, по черным лесам-дубам — грохот какой гудящий! Валит-катит Баба-Яга в ступе своей железной, пестом погоняет, помелом след заметает... помелом железным. Это она шумит, сказка наша. Шумит-торкает по лесам, метет. Железной метлой метет.

Гудит в моей голове черное слово — "метлой железной"! Откуда оно, это проклятое слово? кто его вымолвил?.. "Помести Крым железной метлой"... Я до боли хочу понять, откуда это. Кто-то сказал недавно... Я срываю с себя одолевшую меня слабость, размыкаю глаза... Слепящее солнце стоит еще высоко над раскаленной стеной Куш-Каи, зноем курятся горы. Катит автомобиль на Ялту... Да где же сказка?

Вот она, сказка-явь! Пора, наконец, привыкнуть.

Я знаю: из-за тысячи верст, по радио, долетело приказ-слово, на синее море пало:

"Помести Крым железной метлой! в море!"

Метут.

Катит-валит Баба-Яга по горам, по лесам, по долам — железной метлой метет. Мчится автомобиль за Ялту. Дела, конечно. Без дела кто же теперь кататься будет?

Это они, я знаю.

Спины у них — широкие, как плита, шеи — бычачьей толщи; глаза тяжелые, как свинец, в кровяно-масляной пленке, сытые; руки-ласты могут плашмя убить. Но бывают и другой стати: спины у них — узкие, рыбьи спины, шеи — хрящевый жгут, глазки востренькие, с буравчиком, руки — цапкие, хлесткой жилки, клещами давят...

Катит автомобиль на Ялту, петлит петли. Кружатся горы, проглянет и уйдет море. Высматривают леса. Приглядывается солнце, помнит: Баба-Яга в ступе своей несется, пестом погоняет, помелом след заметает... Солнце все сказки помнит. И добела раскаленная Куш-Кая, плакат горный. Вписывает в себя.

Время придет — прочтется.

С ВИЗИТОМ

Опять я слышу шаги... А, какой день сегодня!

Кто-то движется за шиповником, стариковски покашливает, подходит к моим воротцам. Странная какая-то фигура... Неужели — доктор?!

Он самый, доктор. Чучело-доктор с мешковиной на шее — вместо шарфа, с лохматыми ногами. Старик доктор Михайла Васильич — по белому зонтику признаешь. Правда, зонтик теперь не совсем белый, в заплатках из дерюжки — но все же зонтик. И за нищего не сойдет доктор: в пенсне — и нищий! Впрочем, что теперь не возможно?!

Да, доктор. Только не тот старичок доктор, у которого индюшка расколотила чашку, — тот на самом тычке живет, повыше, — а другой, нижний доктор, из садов миндальных. Чудесные у него сады были! Жил он десятки лет в миндальных своих садах, жил одиноко, глухо, со старухой нянькой, с женой и сыном. Химией занимался, вегетарианил, опыты питания над собой и семьей делал. Чудак был доктор.

— А, доктор!..

— Добрый день. Вот и к вам, с визитом. Хорошо здесь у вас, высоко... далеко... не слышно...

— А чего слушать?..

— Мне доводится-таки слушать... матросики у меня соседи, с морского пункта, за морем наблюдают. Ну, и... приходится слушать всякие по-этические разговоры, эту самую "словесность". Да, язык наш очень бо-гатый, звучный... Как у вас тихо! никаких таких звуков, в стороне от большой дороги. Да у вас прямо молиться можно! Горы да море... да небо...

— Есть и у нас звуки и... знаки. Прошу, доктор!

Мы садимся над Виноградной балкой — в дневном салоне.

Эй, фотограф! бери в аппарат: картинка! Кто эти двое на краю балки? эти чучела человечьи? Не угадаешь, заморский зритель, в пиджаках, смокингах и визитках, бродящий беспечно по авеню, и штрассам, и стритам. Смотри, что за шикарная обувь... от Пиронэ, черт возьми! от поставщиков короля английского и президента французского, от самого черта в ступе! Туфли на докторе из веревочного половика, прохвачены проволокой от электрического звонка, а подошва из... кровельного железа!

— Практичная штука, месяц держит. На постолы татарские не могу сбиться, а все мои "европейские" сапоги и ботинки...

тю-тю! Слыхали — все у меня ноъ я ли, все "излишки"?.. Как у нас раздевать умеют!, ка-ак у-ме-ют!.. что за народ способный!..

Я слыхал и другое. Отняли у доктора и полфунта соломистого хлеба, паек из врачебного союза.

— Да, кол-ле-ги... Говорят коллеги, что теперь "жизнь — борьба", а практикой я не занимаюсь! А "нетрудящийся да не ест"! И апостола за бока, на потребу если...

Он смотрит совсем спокойно: жизнь уже за порогом. Совсем белая, кругло подстриженная бородка придает его стариковскому лицу мягкость, глазам — уютность. Лучистые морщинки у глаз и восковой лоб в складках делают его похожим на древнерусского старца: был когда-то таким Сергий Преподобный, Серафим Саровский... Встреть у монастырских ворот — подашь семитку.

Доктор немного странный. Говорят про него — чудашный. Продал недавно участок миндального сада с хорошим домом, выстроил себе новый домик, "из лучинок", а остаток денег выменял на катушки ниток, на башмаки и на платье.

— Ведь деньги скоро ничего не будут стоить! И вот, у него отняли все катушки, все штаны и рубашки — все "излишки". В этом году он похоронил старуху няньку, сумасшедшего сына Федю и жену — недавно.

— Наталья Семеновна моя всегда была строгая вегетарианка, и вот, цингой заболела. Последние дни — все равно, думаю, опыт кончен! — купил я ей на последнее барашка, котлетки сделал... С каким восторгом она котлетку съела! И лучше, что померла.

Лучше теперь в земле, чем на земле.

У доктора дрожат руки, трясется челюсть. Губы его белесы, десны синеваты, взгляд мутный. Я знаю, что и он — уходит. Теперь на всем лежит печать ухода. И — не страшно.

— А слыхали, какой я ей оригинальный гроб справил? — прищурился-усмехнулся доктор. — Помните, в столовой у нас был такой... угольник? оре-хо-вый, массивный? Абрикосовое еще варенье стояло... из собственных абрикосов. Ах, что за варенье было! Четыре банки они этого варенья взяли, все, что было. Конечно, абрикосов они не растили, варенья этого не варили, но... они тоже хотят варенья, а потому!.. Конечно, это уже другая геометрия... Эвклид-то уже, говорят, провалился с треском, и теперь по Эйнштейну... Да, о чем это я?.. Вот так память!..

Доктор потирает вспотевший лоб и смотрит виновато-жалко. Я его навожу на мысли.

— А, угольник... Наталья Семеновна очень его ценила... приданое ведь ее было! И звали мы его все — "Абрикосовый угольник"! Понимаете вы отлично, как в каждой семье милые условности свои есть, интимности... поэзия такая семейная, ей одной только и понятная! В вещах ведь часть души человеческой остается, прилипает... У нас еще диван был, "Костей" звали... Студент-репетитор на нем спал, Костя. И "Костю" забрали... Забрали у меня, например, портрет отца-генерала... единственное воспоминание! "Генерала забрать!" Забрали! И генерал-то мирный, ботаникой занимался...

— Так вы про угольник, доктор...

— Да-да... Когда мы еще молодые с ней были... Неужели это было?! Лет тридцать тому приехали мы сюда, и я засадил пустырь миндалями, и все надо мной смеялись. Миндальный доктор! А когда сад вошел в силу, когда зацвел... сон!, розовато-молочный сон!.. И Наталья Семеновна помню, сказала как-то: "Хорошо умереть в такую пору, в этой цветочной сказке!" А умерла она в грязь и холод в доме ограбленном, оскверненном... Да, со стеклянной дверцей, на ключике... Право, нисколько не хуже гроба! Стекло я вынул и забрал досками. Почему непременно шестигранник?! Трехгранник и проще, и символично: три — едино! Под бока чурочки подложил, чтобы держался, — и совсем удобно! Купить гроб — не осилишь, а напрокат... — теперь напрокат берут, до кладбища прокатиться!., а там выпрастывают... — нет: Наталья Семеновна была в высшей степени чистоплотна, а тут... вроде постели вечной, и вдруг из-под какого-нибудь венерика-кошкоеда или еще-хуже! А тут свое, и даже любимым вареньем пахнет!..

И он запер свою Наталью Семеновну на ключик.

— Хотели бандаж мой взять! ремни приглянулись... Забыли! А у меня бандаж... по моему рисунку у Швабе сделан! Теперь ни Швабе... ни... один Грабе! Все забрали. Старухины юбки, нянькины — и то взяли. "Я, — говорит, — с трудом пошилась!" Швырнули одну: "Ты, — говорят, — раба!" Все гармоньи взяли. Я туляк, еще с гимназии полюбил гармонью... Концертные были, с серебряными ладами... Затряслись даже, как увидали... Гармонь! Тут же и перебирать один принялся... польку...

Штаны на докторе — не штаны, а фантастика: по желтому полю цветочки в клетках.

— Из фартуков няниных, что осталось. А внизу у меня дерюжина, да только в краске, маляры об нее кисти, бывало, вытирали. А пиджачок этот еще в Лондоне был куплен, износу нет. Цвет, конечно, залакировался, а был голубиный...

Я всегда думал, что пиджак черный, с кофейной искрой.

— Это все пустяки, а вот... все градусники у меня отобрали, и максимальные, и... Три барометра было, гигрометр, химические весы, колбы... Реактивы хотели...— думали, что настойки! Схватили бутылку — спирт!! Да нашатырный! Буржуем обозвали.

— А который теперь час, доктор?

— Де-крет! — пугливо-строго говорит доктор и поднимает черный от грязи палец. — Часы теперь строго воспрещены, буржуазный предрассудок!

Нет, он не собирается уходить. Он переполнен своим и разбрасывает "излишки".

— Но я без часов могу, потому что читал когда-то Жюля Верна...

Он прищуривается на солнце, растопыривает пальцы и глядит в развилку. Он поматывает пальцем то к Кастели, то к седловине за Бабуганом.

— Помните, у Жюль Верна... Сайрус Смит в "Таинственном острове" или Паганель!.. Как это давно было, и как все-таки хорошо, что было, и у нас тогда они не изъяли книги! И я в том же роде изловчаюсь. Могу до пяти минут с точностью, если солнце... Сейчас... без десяти минут час. Мысленными линиями по вершинам, зная максимальную высоту... А вот в туман или вечернее время... по звездам еще не изловчился. Ах, как без часов скучно! У нас все по часам было. Ложились без четверти десять, вставал я в половине пятого ровно. И сорок уже лет так. Трое часиков было — взяли. Английские очень жаль, луковицей. Старинные лорды такие часы любили, часы на совесть. Но какая история роковая!.. Неужели вам не рассказывал?! Необходимо опубликовать Это о-чень важно, в предупреждение человечеству! Чрезвычайно важно!..

— Ну, расскажите, доктор!

"МЕМЕНТО МОРИ"

Доктор поглядел на меня с укором.

— Вы как будто не верите, что это имеет отношение к человечеству... история с моей "луковицей"? Напрасно. В этом вы сейчас убедитесь. Есть в вещах роковое что-то... не то чтобы роковое, а "амулетное". Как хотите толкуйте, а я говорю серьезно: во всех этих газетах, которые вот "влияют"... "Таймс" или.. как там... "Чикаго трибюн", "Тан", понятно... — непременно опубликуйте! Я уже не смогу, я без пяти минут новопреставленный раб... не божий, не божий, а... человеческий! и даже не человеческий!!.. Да чей же я раб, скажите?! Ну, оставим. А вы... должны опубликовать! Так и опубликуйте: ""Мементо мори", или "Луковица" бывшего доктора, нечеловеческого раба Михаила". Это очень удачно будет: "нечеловеческого"! Или лучше: нечеловечьего!

Он, чудак, говорил серьезно, даже взволнованно.

— Это случилось лет пятьдесят тому... в тысяча восемьсот... Нет, конечно... ровно сорок лет тому, в восемьдесят первом году. Мы с покойной Натальей Семеновной путешествовали по Европе, совершали нашу свадебную и, понятно, "образовательную" поездку. В Париже мы погостили недолго, меня упорно тянуло в Англию. Англия! Заманчивая страна свободы, Габеас-Корпус... парламент самый широкий... Герцен! Тогда я был молод, только университет окончил, ну, конечно, революционная эта фебрис... Ведь без этой "фебрис" вы человек погибший! Да еще в то-то героическое время! Только-только взорвали "Освободителя", блестящий такой почин, такие огнесверкающие перспективы, в двери стучится со-ци-ализм, с трепетом ждет Европа... температурку-то понимаете?! Две вещи российский интеллигент должен был всегда иметь при себе: паспорт и... "фебрис революционис"! О паспорте правительство попечение имело, а что касается "фебрис"-то этой самой... тут круговая порука всех российских интеллигентов пеклась и контроль держала, и их во-ждей! Чуть было не сказал — козлов! Но не в обиду вождям, а по русской пословице нашей: "куда козел — туда и стадо"! Разные, конечно, и вожди эти самые бывали... были и такие, что и в России-то никогда не живали... бывали и такие, что... собственную мамашу удавят ради "прямолинейности"-то и "стройности" системы своей-чужой, а ты... дрожи! Там хоть ты и пустое место, и пьяница, и дубина сто восемьдесят четвертой пробы, и из карманов носовые платки можешь... только дрожи и дрожи дрожью этой самой, правительству невыносимой — и вот тебе авансом билет на свободный вход в царство "высокое и прекрасное". И не без выгоды даже. Я не дрожал полной-то дрожью, а лихорадило не без приятного жара! Без слез, но подрагивал. Ах, зачем я не оставляю в поучение поколениям "записок интеллигента Т-ва Мануфактур и KR"?! Теперь все равно, без пользы. Смотрите-ка, повалилась кляча!..

Да, Лярва легла, вытянув голову к недоступной тени. Ноги ее сводило. Пораженный ее новым видом, павлин проснулся и закричал пустынно. Из тенистой канавки, под дачкой, выбралась тощая Белка и огляделась.

— Как в трагедии греческой! — усмехнулся доктор. — Разыгрывается под солнцем. А "герои"-то!... за амфитеатром... — обвел он рукою горы. — То есть боги. В их власти и эта кляча несчастная, как и мы. Впрочем, мы с вами можем за "хор" сойти. Ибо мы, хоть и "в действии", но прорицать можем. Финал-то нам виден: смерть! Вы согласны?

— Вполне. Все — обреченные.

— До этого дой-ти надо! Дошли? Прекрасно. О чем я начал? Память совсем никуда... Да, "фебрис" эта... Габеас-Корпус, Герцен, Гамбетта, Гарибальди, Гладстоун!.. Странная штука, вы замечаете — все "глаголи"! Тут, обратите внимание, что-то мистическое и как бы символи-сти-ческое! Гла-голи! Конечно, и в Англии я глаголил. И "мощи" заповедные посещал, и поклонялся им не без трепета, и фимиам воскурял. И даже в Гайд-Парке пару горячих подал. Воздух самый какую-то особенную прививку там делает: непременно хулой колыбельку свою — правда, грязненькую, но все-таки колыбельку — обдашь, грязненькие очки наденешь. И конечно: "Да здравствует Революция — с прописной буквы, понятно, из уважения, — и переат полицеа!" И вот, пошел покупать часы. Зашли мы с Наташей... Тогда я ее Наталочкой звал, а в Лондоне — Ната и Нэлни, на английский манер. А теперь... на ключике в угольничке абрикосовом!.. Да так и предстанет перед Судиею на Страшный суд! — скрипуче засмеялся доктор. — Вострубит Архангел, как надлежит по предуказанному ритуалу: "Эй, вставайте, вси умерщвленные, на инспекторский смотр!" И восстанут — кто с чем. Из морских глубин, с чугунными ядрами на ногах, из оврагов предстанут, с заколоченными землею ртами, с вывернутыми руками... из подвалов даже — с пробитыми черепами предстанут на суд и подадут обвинение! А моя-то Наталья Семеновна — на клю-чик! Да ведь хохот-то какой, грохот подымется! водевиль! И

41

еще... ах-ха-ха-а!.. с... с абри... косовым... вареньем... в мешковине...из-под картошки в мешочек обряжена!.. ведь все, все забрали у нее, все рубашечки... все платья... для женского пола своего... все "излишки"! ведь в ее-то платьях... шелковое зеленое ее помню... Настюшка Баранчик с базара, из "татарской ямки", потом выщегаливала!.. Вот бенефис-то будет! Архангелы-то рты разинут! Сам Господь Саваоф...

Доктор вскочил внезапно и затрепал в ладоши:

— Ш-ши ты, подлая, окаянная псина!..

Белка скакнула через Лярву и уюркнула за дачку. Павлин стоял в головах Лярвы, тряс радужным хвостом-опахалом и топтался.

— Глядите, он ее провожает! — воскликнул доктор. — Вот так апофеоз! Ну, как же не из трагедии?! — Он потер лоб и сморщился. — Как сон какой-то... И что за память дырявая! Сегодня я забыл — "Отче наш"! Три часа вспоминал — не мог! Пришлось открывать молитвенник. Я по поводу этого должен сделать интересное обобщение, но это потом... А теперь... Да о чем же я говорил-то?..

— Пришли покупать часы, доктор...

— Да, часы... Зашли мы с ней в гнусный какой-то переулок, грязный и мрачный, у Темзы где-то. Дома старинные, закопченные, козырьки на окнах... и погода была, как раз для самоубийства: дождишко скверненько так сочился через желтый, гнилой туман, и огоньки грязного газа в нем — и в полдень! И вдобавок еще липко воняло морской этой слизью рыбьей... Помню, отвратительное было настроение. И какой-то хромоногий эмигрантик русский дорогу нам указал, все кашлял и плевал кровью. Местечко такое... из Диккенса. А в темных лавках, за зелеными шторками с бахромой, все антиквары, антиквары в норах своих, как пауки, в пыли, в паутине, серые, таинственные... пауки глубин жизни... шевелятся там со старьем со всяким, в губу нашептывают... Чего-то там нет только! И все — отшедшее. Секстаны ржавые, пиратские шпаги от флибустьеров и буконьеров, "боги" всякие с островов малайских и папуасских, из тропических прорв и дебрей, из человечьих костей печатки царьков диких, скальпы там, амулеты... — пеленки, так сказать, человечьи, но с кровью. И "пауки" эти точно отбор в них делают, подчищают: кому еще, пожалуй, и пригодится!

— Доктор, вы опять уклоняетесь. Вы про какие-то часы хотели...

Доктор вдумчиво посмотрел на меня и покачал головой.

— Это и есть про часы! Я еще немного соображаю, потому

и... про обстановку. Из каких "полспок" то я эти часы принял! Вы то возьмите, что все эти лавчонки на чем стоят? чуланчики эти человеческие?! На грабеже и хищении! на слезе, на крови чьей-то, на основном, что в недрах всей "культуры" человечьей лежит: на том, чтобы загадить и растрясти! Ну, что там лавчонки!.. это уж самый последний сорт, на манер лукошка, куда кухарка птичьи кровяные перья сует, себе на подушку... А вы "ма-га-зи-ны"-то обследуйте! где злато и серебро, и бриллианты, и жемчуга, и ду-ши, ду-ши опустошенные, человеческие, глаза, истаявшие слезами!.. Ведь всякое "потрясение"-то, на высокополитическом блюде поданное, с речами, со слезой братской, бескорыстной и с "дрожью" этой самой восторженной, в подоплеке-то самой сокровенной, непременно в корешках своих на питательное донышко упирается, на кулебячку будущую... и всегда обязательно кой для кого "кулебячки" этой и достигает! Ну, после нашего-то "потрясения" сколько лукошек-то этих с курячьими перьями создадут! А "магазины", небось, по всему свету пооткрывались...

Что такое поторкивает-трещит... к морю?.. А, это моторный катер, а может, и "истребитель". Вон он, черная стрелка в море, бежит и бежит на нас; бежит за ним, крутится пенный хвост, на две косы сечется.

— Слышите?.. — шепчет доктор и зажимает уши. — "Истребитель"... За ними это...

— За кем, доктор?..

— Что по амнистии с гор спустились. Не слышали? Теперь их заберут "для амнистии". Что, трещит?.. Не могу выносить... устал.

Я вижу, как "истребитель" под красным флагом завертывает широко к пристаньке. Я знаю, что те семеро, недавно спустившихся с гор, непокорных "зеленых" слышат в своем подвале, что пришел "истребитель"... пришел за ними.

— Теперь не трещит, доктор.

— Завтра, а может и нынче ночью... — значительно говорит доктор, — их "израсходуют"... а их сапоги и френчи, и часики... поступят в круговорот жизни. Их возьмут ночью... Молодую женщину показывали мне сегодня, там ее муж или жених. Теперь и она слышит... Она, представьте, на что-то надеется!

— На пощаду?..

— На что-то надеется... — шепчет доктор. — Что-то может случиться. Поживем до завтра.

— Так вы про часы хотели...

— А, да... Мне один знакомый присоветовал там походить, у Темзы: попадаются чудеса. Матросы со всех концов света такое

43

иной раз привозят, по океанам рыщут. А мне какие-нибудь редкостные часы хотелось приобрести, от какого-нибудь мореплавателя, от Кука или Магеллана... Страсть к экзотическому у меня с детства осталась, от капитана Марриэтта, от Жюль Верна... От какого-нибудь старинного капитана, "морского волка"... выменял он, глядишь, у какого-нибудь царька людоедов, а к тому попали от какого-нибудь там гранда испанского, которого выкинуло с погибшего корабля... Все мы до страсти любим вещички, связанные с трагедией человеческой. Ну, попробуйте объявить, что имеется у вас, например, меч, которым палач китайский тысячу голов отрубил... за тысячи фунтов купят, найдутся люди! И всякому лестно иметь у себя на стенке, в кабинете, поразить гостя или девицу прекрасную: "А это вот, скажет, — даже с равнодушием в голосе, — меч, которым и т.д. ..." Эффект-то какой необыкновенный! Какую карьеру можно сделать! Вещи чудодейственным образом путешествуют по свету. Теперь вот наши, русские-то, вещички где, может, гуляют, по каким интернациональным карманам проживают!..

Вот и забрели мы в одну такую лавчонку. Эмигрантик тот рекомендовал, за пару шиллингов. И пошептал знаменательно: "Революционер, ирландец, но виду не подавайте, что знаете". За такое приятное сообщение я хромоногому гиду еще шиллинг добавил! Зашли. Вонь, представить себе не можете! Треской тухлой, креветками, что ли... разлагающейся кровью, такой характерный запах. Ху-же, чем в анатомическом! Хозяин... — как сейчас его вижу. Коренастая обезьяна, зеленоглазая, красно-рыжая, на кистях шишки синие выперло, и они в рыжих волосьях, косицами даже. Горилла и горилла. Ротище губастый, мокрый, рожа хрящеватая, и нос... такой-то хрящ, сине-красный! А на голове низколобой тоже шерсть красно-рыжая, клочьями. Как поглядел на него, так и подумал: если все такие революционеры ирландские, дело будет! Самый настоящий "гом-руль"! На конторке у него, смотрю, бутылка с "уиски" и осьминог соленый, небольшой, одноглазый. Кусочек колечком отмахнет ножичком двусторонним, в волосатой рукоятке с копытцем — может и от готтентота какого, — посолит красной пылью кайенской и закусит. Со мной говорил, а сам все хлоп да хлоп, из горлышка прямо.

"А-а, русский! Гуд-дэй! Эмигрант? революционер? Да здравствует республика!" — а сам смеется, осьминога нажевывает. Ну, конечно, поговорили... и о порядках наших, и про убийство царя-освободителя... А веки у него были вывернуты, и в них кайен и виски.

"Поздравляю, — говорит, — вас с подвигом! Если у вас так успешно пойдет, то ваша Россия так шагнет, что скоро ото всего освободится! Способный и великодушный, — говорит, — вы народ, и желаю нам еще такого прогресса. Ит-из-вери-уэлл!"

Я, конечно, ему опять лапу-клешню пожал накрепко, как мог, и даже слезы на глазах у меня, у дурачка русского. Дрожал даже от "чувства народной гордости"! Сказал, помню:

"У нас даже партия такая создается, чтобы всех царей убивать, такие люди специальные отбираются, террористы, "люди ужаса беспощадного"! как у себя этот корень-хрен выведем, по чужим краям двинем динамитом!!!"

Очень это обезьяне понравилось. Зубищи-клыки выставил, кожу спрутову сплюнул и смеется: "Русский экспорт, самый лучший! Ит-ис-вэри-уэлл!" И опять друг другу руки пожали. Нет, как вам нравится! Аллианс-то какой культурный, как именинники! Виски угостил и кусок копченого спрута-осьминога подал на китайской тарелке с золоченным драконом. На этой самой тарелке, говорит, сердца казненных палач главному мандарину посылал с рапортом. А может, и врал. Такой пир антикварно-сакраментальный был... И облюбовал я у него часы-луковицу. Черного золота часы, с зеленью. Говорит: "Обратите внимание, это не простые часы, а самого Гладстоуна! Его лакей продал мне от него подарок. И стоют двадцать пять фунтов!"

Действительно, вырезано под крышкой: "Гладстоун" и замок на горе. А может быть, и сам, мошенник, вырезал. Ирландец был разбитной мошенник. Уж очень зеленоглазость его и хрящи эти мне претили, а по разговору и по тому, что он "ирландец", так сказать, угнетаемый, большую симпатию вызывал. И хорошо знал, что мошенник, а вот... "фебрис"-то эта самая! И что же сказал! "Возьмите, за полвека ручаюсь!"

Но главное-то не это. Уж очень всучить старался. Три фунта скинул! И послушайте, что же сказал! Обратите внимание!: "Берите за двадцать два, потому что вы русский, и... за вами не пропадет! Своей доблестью... все вернете! Еще фунт скину! Политикой!.. отдадите! И вот — вспомните мое слово! — эти часы до-хо-дят, когда у вас, в вашей России великая революция будет!"

Помню, сказал я ему: "Дай-то, Бог!" — "До-хо-дят!" — говорит. И вот — "до-хо-ди-ли"! И вот — отобрал их у меня тоже... ры-жий! и тоже... с хрящеватым носом, да-с! Товарищ Крепс! Сту-дент бывший!! Сам и аттестовался: бывший студент, и даже... — стишками баловался! Это когда я ему заявил, что я русский интеллигент и доктор, чтобы у меня хоть градусники не отнимали! И знаете, куда эти часы попали?! Не угадаете.

— В музей... "Истории Ре-во-люции"?!

— Хуже! В... жилетный карман бывшего студента, мистера Крепса! Да-с! И это так же достоверно, как и то, что сейчас мы с вами — бывшие русские интеллигенты, и все вокруг — только бывшее! В Ялте его на днях видали: носит себе и показывает — "Гладстоун"! Получил ордер на двадцать ведер вина из пролетарских подвалов, в вознаграждение себе, да только увезти не может, лошадей нет. Можете у татар проверить, из общественного подвала! За хлопоты-с! за — "Гладстоун"-с! Да ведь этот — младенчик! Ему бы часики и винца, с девочками гульнуть. А то... Ну, думал ли когда Великий Гладстоун, что его "луковица"!? Мистическое нечто... А его папаша — не Гладстоуна, конечно, — или дядя, или, быть может, брат там... — размахнулся доктор за горы, — оп-тик! и часиками торгует!.. Отлично я такой магазинчик помню на Екатерининской, а может быть и Пушкинской — тоже хорошо! — улице, фамилия врезалась, траурная такая фамилия — Крепс! Уж не ирландская ли фамилия?! Может быть даже — Краб-с! Глубин, так сказать, морских фамилия! И вот, часики мои попадут, быть может, в эту "оптическую лавочку"?! А что?! Очень и очень вероятно! И вдруг, представьте себе, какой-нибудь сэр доктор Микстоун, скажем, приедет в страну нашу, "свободную из свободных", и гражданин Крепс, с хрящеватым носом и тоже ры-жий, продаст ему эти часы "с уступочкой", и увезет наивный доктор Микстоун эти часы в свою Англию, страну отсталую и рабовладельческую, и они до-хо-дят до "великой революции" в Англии?! А какой-нибудь уже ихний сэр Крепс опять отберет назад?!!.. И так далее, и так далее... в круговороте вселенной!

Доктор немного "того", конечно... Сидит на краю балки, глядит в глубину, где камни и ливнем снесенные деревья, и все потирает лоб. От него уже пахнет тленьем, он скоро уйдет, и тяжело его слушать... но он и не собирается уходить.

Индюшка привела курочек, стоит-ждет.

— Ого, — говорит доктор, захватывая покорную индюшку, — препарат для орнитологического кабинета. — Два фунта! Ну, постойте. Мы теперь все на одной ступеньке, и почему бы не одолжить и вам!? И дети, и вы, и мы... скоро — тю-тю!

Он развязывает мешочек и дает горсточку горошку. Мы смотрим, оба голодные, как курочки сшибаются в кучку, а индюшка, "мать", наблюдает стойко. Когда горошина падает к ней, она нерешительно вытягивает головку, выжидая, не клюнет ли какая-нибудь из курочек, и всегда теряет.

— Учитесь... вы! вы!! — кричит в пустоту доктор. — А я у вас засиделся... Но... надо же нанести визиты. Наношу визиты и подвожу, так сказать, итоги. На многое открылись глаза, поздно только. И вот делюсь, чтобы не испарилось... Подсчитываю итоги своего о-пыта! И знаете, к чему я пришел?

— К чему вы пришли, доктор? Впрочем, теперь это, кажется, не имеет никакого значения...

— Да, конечно. "Нос габебит гумус"! Но... исповедаться, вырвать из себя, душу облегчить...

— Говорите, доктор.

— Если найдутся силы, я изложу на бумаге, а теперь... И озаглавлю так:

"САДЫ МИНДАЛЬНЫЕ"

Когда я сюда приехал, я выбрал пустырь, голый бугор, на котором нельзя было стоять, когда задует от Чатырдага... Прошло лет сорок. Вы знаете, что вышло. Миндальные сады насажены по округе, и теперь не смеются. То есть теперь... ну, теперь скоро и некому будет смеяться... Нет, тяжело говорить. И так везде и на всем — итоги интеллигенции. Теперь будут начинать сызнова, когда прозреют. А может, и некому будет прозревать. Ну, пожил я в миндальных своих садах... светлых и чистых... Знаю, что и ошибки были, и много странного было в моем характере и укладе, но были миндальные сады, каждую весну цвели, давали радость. А теперь у меня — "сады миндальные", в кавычках, — итоги и опыт жизни!..

Я привык по часам ложиться, а теперь... как я могу без четверти десять? И потому бессонница. И память слабнет. Я вам говорил, что недавно забыл, как читается "Отче наш"... Вы представьте только, что все, все забудут, как читается "Отче наш"?! Помойка ведь надвигается. И уходят из этой помойки — в ничто!! Досадно. Досадно, что я, как и теперь есть, не имею логического права верить! Ибо, как после такой помойки поверишь, что там есть что-то?! И "там" обанкротилось! Провалиться с таким треском, с таким балаганным дребезгом, кинуть под гогот и топот, и рык победное воскресение из животного праха в "жизнь вечно-высокочеловеческую", к чему стремились лучшие из людей, уже восходивших на белоснежные вершины духа, — это значит уже не провалиться, а вовсе не быть! Никаких абсолютов нет? Нет. И надо допустить, что над человеком можно смело поставить крест по всей Европе и по всему миру, и вбить в спину ему осиновый кол. А самое скверное, что иск-то вчинить-то не к кому! И суда-то не будет, да и не было его никогда! И это скоро все узнают, все человекообразные, и пойдет разлюли-гармонь. Сорвали завесу с "тайны"! Дрессировщики-то, водители-то пусть даже пустое место прятали от непосвященных, чтобы на пути стада вывести, а теперь хулиган пришел и сорвал... до сроку сорвал, пока превращение из скотов не закончилось. Нет, теперь в школу-то не заманишь. "Отче-то наш" и забыли. И учиться не будут. С привода сорвалось — качай! Кончилась славная поэма. А знаете... — у меня весь миндаль оборвали! Миндальные мои сады рубят... а вот зимой и все доведут до точки... У вас что-то еще болтается, а у меня весь миндаль, пудов восемь оборвали. А было бы на всю зиму.

— Значит, еще хотите жить, доктор?

— Только разве как экспериментатор. Веду, например, записи голодания. На себе изучаю, как голод парализует волю, и постепенно весь атрофируешься. И вот какое открытие: голодом можно весь свет покоить, если ввести в систему. Сейчас даже лекции читаются там, — показал он за горы, перекувыркнув ладонь, — "Психические последствия голодания". Талантливый профессор читает. Сам голодает и — читает. И голодная аудитория набивается дополна! Всем занятно! Ги-по-тезы создаются! Как бы в потустороннее заглядывают. Ведь объект с субъектом сливаются. Новый, необычайный курс медицинского факультета. Садизм научный! Как если бы подвальным смертникам профессор, и он же смертник, о психологии казнимых читать взялся! Науку-то как обогащаем! Да, "Психология казнимых: лабораторное и кли-ни-ческое исследование на основании изучения свыше миллиона, может быть, свыше двух миллионов, казненных, с применением разных способов истязания, физических и психических, всех возрастов, полов и уровней умственного развития!" Курс-то какой! Со всего света приедут слушать и поражаться мастерством грандиозного опыта! Лабораторного материала — горы. Что до нашего опыта у Европы было? Ну, инквизиция... Но тогда научной постановки не было. И потом, там как-никак, а судили. А тут... — никто не знает, за что! Но каждый в подвале знает, знает! — что вот, еще день или два дня будет слабнуть — ведь им, как общее правило, в наших, в здешних-то, крымских подвалах и по четверке хлеба соломенного не давали, а так... теплую воду ставили — для успокоения нервов?! может быть, ихний профессор присоветовал, для опыта?! — так вот, каждый в подвале знает, что вот и эту или в ту ночь начнет истлевать. Где только? В яме ли тут, в овраге, или в море? И судей своих не видал, нет судей! А потащат неумолимо, и — трах! Я даже высчитал: только в одном Крыму, за какие-нибудь три месяца! — человечьего мяса, расстрелянного без суда, без суда! — восемь тысяч вагонов, девять тысяч вагонов! Поездов триста! Десять тысяч тонн свежего человечьего мяса, мо-ло-до-го мяса! Сто двадцать тысяч го-лов! че-ло-ве-ческих!! У меня и количество крови высчитано, на ведра если... сейчас, в книжечке у меня... вот... альбуминный завод бы можно... для экспорта в Европу, если торговля наладится... хотя бы с Англией, например... Вот, считайте...

— Постойте, доктор... Вам не кажется, что все небо в мухах? Мухи все, мухи...

— А-а! ... мухи! И у вас мухи? Так это же анемия выражается в зрении... Если разрезать глазное яблоко голодающего животного...

— Чем вы теперь занимаетесь, доктор?..

— Думаю. Все думаю: сколько же материала! И какой вклад в историю... социализма! Странная вещь: теоретики, словокройщики ни одного гвоздочка для жизни не сделали, ни одной слезки человечеству не утерли, хоть на устах всегда только и заботы, что о

всечеловеческом счастье, а какая кровавенькая секта! И заметьте: только что начинается, во вкус входит! с земным-то богом! Главное — успокоили человеков: от обезьяны — и получай мандат! Всякая вошь дерзай смело и безоглядно. Вот оно, Великое Воскресение... вши! Нет, какова "кривая"-то!? победная-то кривая!? От обезьяны, от крови, от помойки — к высотам, к Богу-Духу... и проникновению космоса чудеснейшим Смыслом и Богом-Слово, и... нисхождение, как с горы на салазках, ко вши, кровью кормящейся и на все с дерзновением ползущей! И кому сие новое Евангелие-то с комментариями преподнесли, карт-блянш

выдали, и кто?! помните, у Чехова, в "Свадьбе", телеграфист-то Ять, "Ять"-то эта самая, как рассуждает про электричество и про... какие-то два рубля и жилетку? Вот теперь эти самые "яти" и получили свое Евангелие и "хочут свою образованность показать". И от кого получили? От тех же "ятей"! И вот показывают "образованность". Потому-то на эту подлюгу "ять" и поход. Прообраз, конечно, я разумею. Стереть ее, окаянную! мешает! исконную, сла-вян-скую! Всем вошам теперь раздолье, всем — мир целокупно предоставлен: дерзай! Никакой ответственности и ничего не страшно! На Волге десятки миллионов с голоду дохнут и трупы пожирают? Не страшно. Впилась вошь в загривок, сосет-питается — разве ей чего страшно?! И все народы, как юный студентик на демонстрации, взирают с любопытством, что из "вшивого" ве-ликого дела выйдет. Такой-то опыт — и прерывать! Ведь полтораста миллиончиков прививают к социализму! И мы с вами в колбочке этой вертимся. Не удалось — выплеснуть. Сеченов, бывало, покойник: "Лука, — кричит, — дай-ка свеженькую лягушечку!" Два миллиончика "лягушечек" искромсали: и груди выре-зали, и на плечи "звездочки" сажали, и над ретирадами затылки из наганов дробили, и стенки в подвалах мозгами мазали, и... — махнул доктор, — вот это — О-пыт! А зрители ожидают результатов, а пока торговлишкой перекидываются. Вон, сэр Эдуард-то Ллойд

Джордж-то, освободитель-то человеческий, свободолюб-то незапятнанный, что сказал! "Мы, — говорит, — всегда с людоедами торговали!" А почтенные господа коммонеры, мандата на "вшивость" для себя еще не приявшие, но в душе близкие и к сему, если от сего польза видится, — мудрое слово Джорджево положили на сердце свое и... А-а, не все ли равно теперь! О миллиончике человечьих голов еще когда Достоевский-то говорил, что в расход для опыта выпишут дерзатели из кладовой человечьей, а вот ошибся на бухгалтерии: за два миллиона пересегнули — и не из мировой кладовой отчислили, а из российского чуланчишки отпустили. Вот это — опыт! Дерзание вши бунтующей, пустоту в небесах кровяными глазками узревшей! И вот...

Доктор развел руками. Да, и вот! Смотрит на нас калека-дачка на пустыре, с дохлой клячей под сенью вонючих "уксусных" деревьев. Глядит-нюхает из-за уголка тощая Белка, ждет. Идет за пустырем дядя Андрей в новом парусиновом костюме — ободрал недавно на даче Тихая Пристань складные кресла полковничьи и теперь разгуливает без дела, высматривает новую "работу".

— И все это вымрет... — тоном пророка говорит доктор. — И они уже умирают. И этот Андрей кончится. Мой сосед Григорий Одарюк тоже кончится... и Андрей Кривой с машковцевых виноградников... Они уже все обработали, а не чуют... Увидите. Убьют и меня, возможно. Еще считают за богача... Когда наступит зима... увидите результаты. Опыт и их захватит. Вчера умер от голода тихий работящий маляр... когда-то у меня красил... А на берегу красноармейцы избили сумасшедшего Прокофия, сапожника... Ходил по берегу и пел "Боже царя храни"! Избили голодного и больного, своего брата... О-пыт! Я и сам теперь опыт делаю... Сухим горохом питаюсь.

Он шарит в кармане своего лондонского пиджака и бросает горошину приглядывающейся к нему Жаднюхе.

— Этим самым. У меня фунтов десять имеется, в собачьей конуре припрятал, не изъяли "излишки". И вот — по горсточке в день. Во рту катаю. Зубы у меня плохи совсем, а челюсти у меня украли при обыске, вынули из стакана, — золотая была пластинка! Покатаю, обмякнет — и проглочу. Ничего, двенадцатый день сегодня. И еще — миндаль горький. Жарю. Обратите внимание, очень важно. Амигдалин улетучивается, яд-то самый. Тридцать штук в день теперь могу принимать. Это, пожалуй, самый безболезненный путь — "от помойки в ничто"! Пульс ускоряется, сердце нарабатывается быстрей, и...

Доктор запнулся, уставил глаза, рот разинул и смотрит в ужасе...

— Мы... распадаемся на глазах... и не сознаем! Да вы вглядитесь, вглядитесь... Умремте, скорей умремте... ведь ужасно теперь... теперь!., сойти с ума! Ведь тогда мы не сумеем уйти... может не прийти в голову уйти! Будем живыми лежать в могиле, как теперь Прокофий!..

На меня это никак не действует. Я проверяю себя, пытаюсь постигнуть, как я сойду с ума, как они будут бить тяжелыми кулаками... Нет, не действует. Почему?

— Доктор, чем бы мне... кур поддержать?

— Ку-ур? Как — под-держать? Зачем — поддержать? Сжарить и съесть! со-жрать! У вас есть даже индюшка?! Почему же ее еще никто не убил? Это живой нонсенс! Надо все сожрать и — уйти. Вчера я "опыт" тоже делал... Я собрал и сжег все фотографии и все письма. И — ничего. Как будто не было у меня ничего и никогда. Так, чья-то праздная мысль и выдумка... Понимаете, мы приближаемся к величайшему откровению, быть может... Быть может, в действительности ни-ничего нет, а так, случайная мысль, для нее самой облекающаяся на миг в доктора Михаила?! А тогда все муки и провалы наши, и все гнусности — только сон! Сон-то, как материя, не суть ведь?! И мы не суть...

Он смотрит неподвижно, как уже не сущий. И улыбается своей мысли.

— Мы теперь можем создать новую философию реальной ирреальности! новую религию "небытия помойного"... когда кошмары переходят в действительность, и мы так сживаемся с ними, что былое нам кажется сном. Нет, это невыразимо! Да, куры... вы спрашивали... У меня была одна курица, любимица Натальи Семеновны... Я думал было заклать ее, как жертву, и положить с покойницей в шкап. Но... бросил эту игривую мысль. Горошком кормил. Подойдет к балкончику... — последнее время она мало ходила, сидела больше, нахохлившись, — спрошу: "Ну, что Галочка, чувствуешь опыт-то?" А она только головкой повертывает. И я сейчас ей пару горошин. На ночь в комнаты запирал, понятно. И вот — самоубийством покончила!

— Да что вы?!

— Отравилась. Весь горький миндаль поела. Приготовил прожаривать, а она утром проснулась раньше меня, нашла и... в страшных конвульсиях! Ну, пошел я. У вас есть горький? Ну, так имейте в виду... если штук сотню сразу... лучше, конечно, в толченом виде — сеанс может успешно кончиться. Абсолютно.

52

А сейчас надо проведать горемыку нашу, — в Па-ри-же жила когда-то! Видела сон прекрасный! А слышали новость? В Бахчисарае татарин жену посолил и съел! Какой же отсюда вывод? Значит, Баба-Яга завелась...

— Баба-Яга?! Да. Я сам только подумал.

— Вот видите. Значит, сказка. А раз уже наступила сказка, жизнь уже кончилась, и теперь ничего не страшно. Мы — последние атомы прозаической, трезвой мысли. Все — в прошлом, и мы уже лишние. А это, — показал он на горы, — это только так кажется.

Такие бывают человечьи разговоры.

Он уходит к соседке. У него под мышкой мешочек. Над ним белый широкий зонт, весь в заплатках. Идет — колышется. Навстречу ему — голосок Ляли:

— Михайла Василич в гости!

И Ляля, и Вова прыгают перед ним, заглядывают на мешочек. Пшеничка или, может быть, кукуруза? И не знают еще, что там самое для них вкусное, что так любят дети и голуби: последняя горсть гороха.

А я долго еще сижу на краю Виноградной балки, смотрю на сказку. На радужном опахале хвоста, на чудесном своем экране, павлин танцует у дачки, у дохлой Лярвы. У ее головы недвижной, распластавшись на брюхе, тянется-вьется Белка, вывертывая морду, будто целует Лярву. Доносится до меня урчанье и влажный хруст... Она выгрызает у Лярвы язык и губы! Так скоро? Ведь только сейчас ходила по пустырю кляча... Вот так миленькое "трио"! Жаднюха на меня смотрит. Что, горошку? Я беру ее на руки, разглядываю ее лапки... Что смотришь? Вот начну тебя с лапки... что?!.. Теперь все можно. Она уснула, так скоро, доверчиво уснула...

Я долго еще сижу на краю балки, смотрю на леса в горах. Веки мои устали, глаза не видят. Сплю и не сплю, сижу. Поторкивает-трещит, шумят шумы, шумит дремучее... Погасает солнце. Шумит водопадами в голове... Сорвешься туда, к камням... А, не страшно. Теперь ничего не страшно. Теперь все — сказка. Баба-Яга в горах...

ВОЛЧЬЕ ЛОГОВО

В Глубокую балку пойти — за топливом?..

Там стены — глубокой чашей, небо там — сине-сине. Кусты да камни. Солнечный зной курится, дрожит-млеет. Спят тысячелетние пни дубов, заваленные камнями, — во сне последнем. Я бужу их своей мотыгой. С гулом и свистом летят их проснувшиеся куски — солнце: будут светить зимою. Дремлет на солнцепеке каменная змея — желтобрюх, заслышит шаги — поведет сонным глазом — и завернется: знает меня, привык. Я побаюкаю его тихим свистом. А он все дремлет, поставив на стражу глаз в золотом кольчике. Что и я — порожденье того же солнца. Такой же нищий. Всегда — один. А вот и она, ящерка-каменка, — вышурхнет, глянет и — обомлеет. От страха? От удивленья на Божий мир? Застынет стрелкой и пучит бусинки глаз — икринки. Цикады трясут и трясут над ухом ржавой, немолчной гремью — жаркое сердце балки. Вот — оборвут, и глохнешь от тишины, кружится голова с умолчья.

Сил не хватит дойти до балки: день уже отнял силы.

Пень, иззубренный топором... Я знаю его историю.

Это было полной весной, когда цвели глицинии по веранде, и черный дрозд на верхушке старого миндаля тихо, нежно насвистывал вечернюю песенку нашему новоселью. Приветно глядело все: розовые кусты шиповника по ограде, белые стены домика с зелеными ставеньками-ушами; павлин, пробирающийся под кедром — к ночи, синий дымок над кухней — первого ужина... уже ночные, синею мглою охваченные горы, намекающие душе:

— Отныне... вместе?

Теперь будут они следить за тихою жизнью нашей, впускать и укрывать солнце, шуметь дождями. Золотые и синие — солнечные и ночные — будут глядеть на нас до светлого конца жизни...

В тот вечер робких надежд я тихо ходил по саду. Мои деревья! Это — старый миндаль... обгрызли его кору, но глядит еще бодро и весь осыпан. А это... персик? Его донимают ветры... — ну, ничего, подвяжем. А вот и дуб. Ты долго будешь расти, долго-долго... Увидишь старого человека, меня-другого... он сядет здесь, — поставить скамейку надо, — и погасающими глазами будет смотреть на сад, новый всегда, на неменяющуюся звезду над Бабуганом...

Тогда я нашел тебя, товарищ моей работы, дубовый пень.

Ты валялся под кипарисами, в полутьме, в затишье. Я хозяйственно оглядел тебя, обласкал взглядом — я так был счастлив в тот вечер! Я тебя обнял и выкатил на свет Божий — радуйся и ты с нами, будем работать вместе. Слышал ли ты, старик, как домовито-детски мы толковали, куда бы тебя поставить... как ты будешь лежать года, как хорошо посидеть на тебе вечерком, выкурить папироску, глядеть и глядеть на море, мечтать по далям и крепко верить, что не порвется нить нашей жизни, потянет другую, родную, нить... а ты все будешь благодушным свидетелем новых жизней... Теперь ничего не будет. Ты весь иссечен, горы колючек изрублены на тебе, горы мыслей порублены на тебе, сгорели... Сожгу и тебя, клиньями расколю и сожгу — неродившуюся надежду.

Я разглядываю рубцы на пне — по ним ползают муравьи. Постукивают ворота?..

...Татарские кони ржут, постукивают в ворота — будет прогулка в горы. Цикады бьют погремушками, день жаркий-жаркий, обвисли груши в моем саду, персики и черешни осыпали все деревья. Это же не мои деревья! И веранда с колоннами, с занавесками из шумящего хрусталя цветного — это же не моя веранда... Надо спешить — будет прогулка в горы... Но куда же девались все?! Лошади давно ждут, нетерпеливо постукивают в ворота... Я хожу и зову, ищу... Это же не моя веранда, сверкающая огнями!.. Я ищу и зову в тревоге, пробегаю в огромных залах. Это не мои комнаты... Мои комнаты были проще: ласковые, покойные... Не этот холодный свет, и черешни не лезли в окна... Я хожу и хожу по залам... Где-то тут мои комнаты...

Опять я вижу рубцы на пне, бегают муравьи. Осматриваюсь слипающимися глазами. Ну, вот и сад, и мои деревья... Это же сон мне снился, минутный сон... Вот и наш тихий домик. Спешить никуда не надо. Опять Тамарка громыхает воротами.

Дико кричит павлин — что-то его вспугнуло. Что такое? Что еще может теперь случиться?..

Я слышу воющий голос — к морю...

— Ой, люди добры-и-и... гляньте!.. Гляньте же, люди добры-и!..

Это в Профессорском Уголке, внизу.

"Уголок" давно мертвый. Не звонят по пансионам колокола, не сзывают гостей на завтраки, на обеды: сорвали колокола, сменяли на спирт подвальный. Пойдут колокола в дело — в пули: много еще цельных голов осталось. Не доносит повечеру трели отдыхающей певицы, трио Чайковского:

умолкли певицы, музыканты, раскрали песни Чайковского, треплются по ларям базарным.

Внизу голоса ревут — там еще обитает кто-то! Берлоги еще остались.

— Ой, люди добры-и-и...

Нет ни людей, ни добрых.

"Золотая роза" розовеет еще стенами. А вот и "Вилла Марина", и "Вилла Анна"... но там теперь обитают совки, мелкие совки-сплюшки: кричат по ночам тоскливо: сплю-у... сплю-у... Спите, не потревожат. Вон шафранного "Линдена" корпуса, когда-то в розовых олеандрах, в зеленых кадочках, на усыпанной гравием площадке. Прощай, олеандровая роща! Выдрали ее садовники-трудолюбцы из кадушек, пожгли кадушки. Старик адмирал, хозяин, поглядывал оттуда в трубу на море. Выстроил себе новый корабль — на суше, прохаживался с сигарой по балкону в сиянии белоснежного кителя, в свежем сверканье брюк, в белых, бесшумных туфлях, просоленный морями, белобородый. Променял штормы на сладкий штиль, праздный кортик — на трудовой секатор, каткую палубу — на крепкие, в гравии, дорожки. Вывел розовые стены из олеандров, лиловые — из глициний, сады персика и диканки... Разбили его трубу, и ушел адмирал под землю: там-то уж совсем тихо. Встал на его "корабль" огромный Коряк — дрогаль, зацепился с семьей, с коровой и ждет упорно: отойдет ему дом — дворец с виноградниками и садами — за великие труды жизни: возил адмирала на таратайке в город! Сторожит пустоту — усадьбу да помаленьку выламывает рамы.

Внизу голоса растут. По балке доходит четко — воющий бабий голос:

— Да лю-ди... добрые!., да вы ж гляньте!..

— Усе кишки вымотаю с тебе... за мою Рябку!.. Это — Коряка голос, рык сиплый.

— Да вы ж толичко гляньте... лю-ди добрые... хозяина моего забивает!..

— Мя... со мое подай... из глотки вырву! Зараз сказывай, куда ховали!.. утрибку, гадюки, лопали... с моей Рябки!..

— Побий мене, Боже... да усю неделю в Ялтах крутился... да вы ж перво дознайте у сосидий... Дядя Степан, да ваша Рябка и близко не доступала! За чого ж вы стараго чоловика забиваете?!

Человека забивают? И этот воющий голос — голос человечий? и рык-зык этот?!

— Шку-ру, пес... мя... со мое подай! Шшо твой выблядок у

56

мылыцыи ходит... да я сам утрудящий... Буржуев поубивали, теперь своего брата губите!.. Я за свою Рябку... дьявола лютые!..

— Да я... зараз в камытет самый, рылюцивонный... як вы генераловы сундуки ховалы...

— А тебе... шо? ма-ло?! шшо нэ подавылась?! Мало, сука, добрых людей повыдавала, чужое добро ховала, на базар таскала?! Да я твой камытет этот... одна шайка! Ду-шу вытрясу... мясо мое подай!

— Чего ж вы не заступляетесь... люди добрыи?!

Я слышу тупой удар, будто кинули что об землю.

— У-би... ил... живого чоловика убил... люди божьи!..

— Насмерть убью — не отвечу! У мене дети малыи...

По горкам шевелятся — выползают букашки-люди. И там, и там. Где-то в норах таились. Все глядят на площадку под "Линдена"-пансионом с холмов — на сцену, как в греческом театре. Прикрыли глаза от солнца. Далеко внизу, на узкой площадке, в балке, прилепилась мазанка: синий дымок вьется над белой хаткой. Во дворике копошатся — люди не люди — мошки: двое крутятся на земле; синее пятнышко бегает, палкой машет.

С Вербиной горки бегут ребята, орут:

— Под "Линденом" убивают! Ганька, гляди Тамарку!..

Кричит Ганька:

— Хочу... как убива-ют!..

Выглянули и соседи. Лялин голосок точит:

— Это Степан Коряк, мамочка... в белой рубашке... ногой в живот прямо, мамочка... коленком!..

— Ля-личка, не надо! Боже, какие звери...— взывает старая барыня. — Ради Бога, Ляличка... уходи, не надо... Няня, да что такое?..

— Да что... Глазкова старика Коряк за корову убивает... — доходит из-под горы нянькин голос.

Она спустилась под упорную стенку, чтобы лучше видеть.

— Так и надоть, слободу какую взяли! Полон-полон дом натаскали, всего-всего... Каждый божий день у Маришки и барашка, и сало, и хлеба вдоволь, и вино не переводилось... мало! чужую корову зарезал и! Гляди-гляди, как бьет-то! а? Насмерть теперь забьет!

Смотрит, несчастная, и не чует, что ждет ее. Запутывается там узел и ее жалкой жизни: кровь крови ищет.

А на театре — хрипу и визгу больше, удары чаще.

— Люди добрые... заступитесь!..

— Печенки вырву!.. ска-жешь, вырод гадючий!.. мясо куды девал!.. мя... со-о?!..

— Эх, сыновья-то в городе... они б ему доказали! До-кажут!

— Самый большевик был, как на чужое... а самого тронули... как разоряется!

— За-чем... Коряк за свое добро бьет! Моду какую взяли, хоть не води коровы. В покои уж стали ставить, с топором ночуют!

— Вот они, буржуи окаянные... до чего людей довели! Жили все тихо-мирно, на вот... завоевались!

На театре дело идет к развязке. Рык глуше, словно перегрызают горло:

— Ку... ды... мя... со...

— Ой, побегу, мамочка!..

С холмов воют:

— Бей его, Коряк, добивай!..

— Как так — бей?! Доказать сперва надо! Бей... Много вас, бителев!

— Он вон, в Ялтах был столько-то ден, баба его доказала!

— Звери, а не люди... Ляличка, сту-пай! ступай-ступай, нечего тебе слушать...

— Ма-мочка, я хочу...

И доктор, под зонтиком, тоже смотрит из-под руки, потряхивает бородкой. Кричит в пространство:

— Трагедия... под горами! Хе-хе!.. Борьба титанов!.. волки грызут друг дружку! Валяйте, друзья мои... валяйте апо-фе-оз культуры! До скорого свиданья...

Уходит доктор к миндальным своим садам — "садам миндальным".

Лезет из балки другой сын нянькин, голенастый подросток Яшка, — ездит уже с рыбаками в море. Кричит в задоре:

— Раз Коряк взялся — шабаш! Прихватил за грудки... да как его оземь... раз! А старик живуч!

— Уйдите, уйдите все! не могу... не могу — не могу... — кричит истерично старая барыня, зажимая уши.

Вскрикнула-всполошила Ляля:

— Ястреб!.. ястреб!!.. Айй-ю-уюайй!..

Ширококрылый, палево-рыжий ястреб, с белым комком под брюхом, тянет по балке вниз, где Коряк душит коровореза.

— Курочку вашу!!.. вашу!!!.. — отчаянно верещит Ляля, топочет и бьет в ладошки. — Туда... за дубки спустился!.. пух-то, глядите, пух!.. Айй-ю-у-айй!..

Белый пушок плавает над кустами. Я качусь по сыпучей круче, рву на себе последнее, падаю на камнях и сучьях высохшего потока. Кричат голоса, пугают, в ладоши бьют:

— К дубкам берите! Слетел, проклятый!..

Я вижу над головой — белесо-пестрое брюхо с подтянутыми когтями. Темнокрылою хищной тенью уплывает стервятник по балке — к морю.

Я добираюсь до места и нахожу белую курочку — кровь и перья. Вижу оторванную головку, с сомкнутыми глазами, с похолодевшим гребнем, и по мертвым сережкам признаю Жаднюху. Только-только подремывала она на моих руках, клевала горошек доктора, и в ясном зрачке ее смеялось золотой точкой солнце... Прощай и ты, маленькое созданье, не оставившее следа! Теперь сметаются все следы, и перестало быть больно. И теперь ничего не жаль.

Я беру кровяной комок в перьях. Это не кусок мяса: это наша родная собеседница кроткая, молчаливый товарищ в скорби.

И другой раз за этот истомный день взял я тяжелую лопату, пошел на предел участка, на тихий угол, где груда камней горячих... И наложил камень, чтобы не вырыли собаки. Трещит плетень, глядит из-за плетня Яшка.

— Так лучше бы мне отдали!

Он прав, пожалуй. Не все ли равно теперь: земля или брюхо Яшки? Земля — лучше, земля покоит.

Я вижу его глаза, заглядывающие под камень. Идущие глаза. Когда стемнеет, я выну ее и схороню в Виноградной балке.

Индюшка стоит под кедром, поблескивает зрачком — к небу. Жмутся к ней курочки — теперь их четыре только, последние. Подрагивают на своем погосте. Жалкие вы мои... и вам, как и всем кругом, — голод и страх, и смерть. Какой же погост огромный! И сколько солнца! Жарки от света горы, море в синем текучем блеске...

Внизу затихло. Зрители уползли в балки, в норы. Убил ли Коряк — не важно. Теперь — не важно. Убил... — слово совсем пустое.

Я хожу и хожу по саду, дохаживаю свое. Упора себе ищу?.. Все еще не могу не думать? Не могу еще превратиться в камень! С детства еще привык отыскивать Солнце Правды. Где Ты, Неведомое?! Какое Лицо Твое? Не хочу аршина и бухгалтерии... С ними ходят подрядчики и деляги. Хочу Безмерного — дыхание Его чую. Лица Твоего не вижу, Господи! Чую безмерность страдания и тоски... ужасом постигаю Зло, облекающееся плотью. Оно набирает силу. Слышу его зычный, звериный зык...

Великие мудрецы, где вы?! Туманами подымаются храмы ваши, в туманах тают... Чистый разум... призрачный мир идей... отсвет метнувшегося человеческого мозга! Где вы там, бледные существа? В каких краях обитаете? Какие на вас одежды? В луче бы солнца спустились, что ли, бесплотные, породили бы из неоправданных мук, из неоплатных страданий новое существо, неведомое доселе миру. Свершили чудо! Сошли бы в дожде на землю, радугой перекинулись над морем, упали в громе! Или спускались вы, да продали вас за грош, на обертку пустили под собачье мясо, в пыжи забили? В Проповеди Нагорной продают камсу ржавую на базаре, Евангелие пустили на пакеты... Пустое небо прикрылось синью, море прикрылось синью: стоит одно другого.

Скорей бы вечер... Я... Кто такой это — я?! Камень, валяющийся под солнцем. С глазами, с ушами — камень, Жди, когда пнут ногой. Некуда уходить отсюда... Гляди на горы: они в блеске, воздушные. На море... — праздничное оно всегда. Безмолвие за ним, так... — туманность. На что же еще глядеть?..

Там, в городке, подвал... свалены люди там с позеленевшими лицами, с остановившимися глазами, в которых — тоска и смерть. И там те семеро, бродившие по горам... Обманом поймали в клетку. Что они чувствуют — скрученное железо? Я еще волен бродить. Для них один только ход — в могилу. "Истребитель" стоит у пристани, гроб железный. Его краснозвездная команда наелась баранины до отвалу, напилась из подвалов и теперь спит — до ночи. И красный вымпел тоже уснул — до ночи.

Что-то говорил доктор... Что-то случиться может... В небо смотрю я: может?

Больно глазам от света.

Я хожу и хожу по саду, смотрю на камни. Что же случиться может? Какое чудо? К кедру приду, постою, будто ищу чего-то. От кедра пышет. Душно от Черных кипарисов. Все накалилось, струится, млеет. Солнце все мысли плавит. От кедра гляжу на домик, на маленькую веранду. Здесь ли я жил когда-то?! Смотрит веранда заплаканными глазами зацветших стекол. Голубые глицинии давно опали, засохли тиссы перед крылечком...

На пустыре, за балкой, возятся возле Лярвы, подсовывают оглобли. Вертятся вербины собаки, Цыган и Белка.

Кричит от дороги кто-то:

— Прирезать бы да на ко-клеты!

Это дядя Андрей с исправничьей дачи — Тихая Пристань. Одет по-дачному — в парусинном костюме, в мягкой, господской, шляпе, раздобытой. Смуглый, сутулый, крепкий и — темный весь. Посиживает по бугоркам, поглядывает на дачки... побуркивает в кустах с такими же. Ходит — подумывает.

Не отвечают на его оклик, над Лярвой возятся.

— Теперь человечину едят, а на конятину заглядишься! Казанские татаре за говядину признают... А нам все чтобы мясо было! Я вот... невете... реянец! По мне, хоть и не будь его вовсе, ей-Богу! у меня от его... за-пор навсягды, сказать... вовсе для меня вредная пища, яд!..

Не отвечают ему от Лярвы. Он подходит к моей заграде:

— Гляжу-гляжу на ваше индюшечку... ужахаюсь?! Ку-да заходит! И, лих ее носит, куренков куда заводит! Какой дурной подшиб палкой — по нонешнему времени... капитал! Вон как у Вербы с гусем... ночным делом ухватили, даром что собаки. Теперь человек злей собаки! А я свинку свою на ячменек выменял, да за перекопу татаре вина пять ведер... до весны до самой обеспечен. А как отсужу Лизаветину корову... Как так я в мае получил за перекопу? Это все Прибытка старая с дурной головы плетет! В мае я за энту... за осеннюю перекопу, а вчера опять получил, за обрезку, очень огромадный виноградник! Вот Лизаветину корову отсужу, на мои гроши купила, стерьва.. тогда я, сказать, барином ходить буу! А чего я спросить желаю... про павлина! Чего он у вас на холостом ходу ходит? То ли бы уж скушали, а то на базар, татаре богатые по случаю из хвоста позарются... татарки ихния заместо цветов в волоса убирают. А мясо у них, сказать... не вредное?..

И отходит — в прогулочку. Идет — подумывает.

Павлин... Разве он мой еще? На табак если выменять... осталась одна щепотка, а курить надо много... К ночи надо беречь, к ночи наваливаются думы. Одичал теперь, не поймать. А на табак бы можно — не пшеница.

Осматриваюсь, отыскиваю павлина. Вон он, по пустырю бродит, хвостом возит. Татаркам на украшение... богатым. Остались еще богатые? Гляжу — прикидываю... и он глядит на меня, мой "табак". Я отвожу глаза, стараюсь подавить прошлое. Первые радостные утра, начинавшиеся криком его на крыше нашего дома, его топотаньем по железу... А без него будет еще чернее...

Я сажусь на каменное крылечко у веранды. Оно остыло. Солнце ушло за домик. Гляжу на сухие грядки — солнце и с них сползает. Да, огурцы пожухли. Поклеваны помидоры, висят кровяными лоскутками. И поливать не надо. Всматриваюсь в потрескавшуюся у ног землю. Муравьи еще живы, суетятся-тащат по своим норкам. Какие-то и у них планы. Этот как будто размышляет, поводит усиком... не мыслитель ли муравьиный?

Я беру ветку сухого тиса и веду по земле, мету. Где теперь планы и... философия? Так и все. Чья-то слепая сила. Метет... И... солнце по кругу ходит. Вечно ли ходить будет... Придет и на него сила. И оно не будет ходить по кругу.

ЧУДЕСНОЕ ОЖЕРЕЛЬЕ

Да когда же накроет ночь это ликующее кладбище?! Солнце остановилось над Бабуганом, не уходит. Не насмотрелось. Смотри, смотри... "Истребитель" приглянулся тебе, и ему посылаешь приветного зайчика на вымпел — добрый вечер.

Просыпаются там — ночь чуют. Похаживают, в черной коже, по палубе, пощелкивают дельфинов — чешутся у них руки.

Нет, западает солнце. Судакские цепи золотятся вечерним плеском. Демерджи зарозовела, замеднела... плавится, потухает. А вот уж и синеть стала. Заходит солнце за Бабуган, горит щетина лесов сосновых. Погасла. Похмурился Бабуган, глядит сурово, ночной, — придвинулся. Меркнут под ним долины. Тянет оттуда тревожной ночью... Выстрелы бьют по ней — боятся ли, угрожают...

Пора и вам, тихие курочки, прибираться к ночи. Последние даю вам отруби. Пришел и павлин покрасоваться хвостом, танцует. Чего ты танцуешь, Павка? Нечем мне заплатить тебе. Променяю тебя татарину-богачу — будешь плясать недаром.

Я подкрадываюсь к нему, протягиваю руку. Он словно чует, оглядывает меня, взмывает на ворота и шумно падает в темноту.

Я все стою и смотрю, как курочки вспархивают на оконце курятника, легкие и пустые. Индюшка тревожно вертится у пустой чашки, пытает меня глазком. Ну да, больше ничего не будет.

Вот он и кончен день, незнаемый день, прожитый для чего-то, — совсем ненужный. Какое шнырянье днями! Можно теперь посиживать на пороге, глядеть на звезды — хоть до утра. Они будут мигать, мигать... Поэты их воспевали, ученые разглядывали в стекла. Разглядывают давно. Есть ли там темные, между ними, умирающие земли? Где ты, страждущая душа, моей родная? Что там развеяно, по мирам угасшим? А сколько там крови пролито и выстрадано страданий! Или все свято там... ни свято и ни грешно, а так — миганье?

Нет ответа и никогда не будет. Они мерцают-горят, зеленые, голубые, — неслышная музыка холодеющего огня над тленьем. Лопаются миры, сгорают и огнях, как сор...

Усталые, тихие шаги. Ты это... Мы сидим с тобою плечо к плечу и молчим. Думаем... Не о чем теперь думать. Камни так думают, тысячи лет лежат в неподвижной думе. В ничто уходят — стираются, пропадают.

Видишь — упала звезда, черкнула огневой нитью... Подумала ты, я знаю... но это не может сбыться. Не надо пытать и звезды: они никогда никому не скапали слова — те же камни.

— Добрый вечер!.. — доходит из темноты голос.

Это наша соседка, что когда-то жила в Париже. Она пробирается в свете звезд, через цепляющие кусты шиповника.

Сидим — молчим.

— Сегодня... — начинает она с удушьем и замолкает. — Носила няня продать золотую цепочку покоимого Василия Семеныча, шесть золотников. Дали шесть фунтов хлеба... Что же делать?..

Молчим. На звезды, на море смотрим. Стрелки струятся — вспыхивают на нем.

— Голова стала мутная, ничего не соображаю. Детишки тают, я совсем перестала спать. Хожу и хожу, как маятник.

За шиповником шуршит кто-то, нащупывает калитку.

— Кто там?..

— Я... — слышится робеющий детский голос. — Анюта... мамина дочка...

— Кто — Анюта?.. Ты чья? откуда?..

— Анюта, дочка... мама послала... мама Настя!..

Это, должно быть, снизу, из мазеровской дачи. Там Григорий столяр, Одарюк, дачный сторож. Бывший сторож, теперь — хозяин.

Я подхожу к воротам и признаю девочку лет шести, беловолосую, с белой косичкой-хвостиком. Бывало, она играла в садике своей дачи, кричала мне вслед всегда:

— Ба-лин!.. дластвуй!..

Ее и в темноте видно. Она стоит за калиткой и колупает столбик, молчит. Я спрашиваю, что ей нужно. Она начинает плакать тихими всхлипами.

— Мама послала... дайте... маленький у нас помирает, обкричался... Крупки на кашку дайте... Папа Гриша уехал, повез кровати...

Я бессильно смотрю на нее, в петлю попавшую, как и все, на темные массы гор, на черный провал, где город, где только один огонь — красный глаз "истребителя": один он не спит, зажегся.

Что я могу ей дать?

Она просит позволить — подобрать на земле: может, от кур

64

осталось, виноградных выжимок прошлогодних... Она и в темноте видит и возьмет — совсем трошки!

Но у меня нет жмыха. Как индюшка, глядит на меня глазком — по ее вздоху чувствую: нет жмыха?! Как и Тамарка, она еще не может понять, что случилось. Ведь ее посылала мама... мама Настя!

Она уносит горстку крупы в бумажке.

Я стою за воротами, в темноте. Я прислушиваюсь, как уходит она за балку, под горку, где надоедно торчит желтая днем, не видная теперь мазеровская дача. Там они погибают, пятеро.

Я припоминаю Одарюка, статного, красивого мужика, хорошо добывавшего в Севастополе на оборонной работе. Революция кончила все работы, сбила его с пути, и пошел Одарюк по легкой, казалось ему, дорожке. Он живо спустил хозяйскую мебель, кровати, посуду и умывальники пансиона — менял за горами на пшеницу, вино и сало. Выпили-съели дачу, а столяр никому не нужен. А ходить по садам за полуфунтом... ну, еще будет время. Можно доменивать, что осталось, бродят и недорезанные коровы... И принялся Одарюк за рамы, поснимал двери, содрал линолеум... Да еще сколько железа будет, какая крыша! А рабочая власть — своя: без хлеба человека не оставит! Того не было и при царской власти.

А ночь идет и идет.

— Вот не могу придумать... — томится старая барыня. — Есть у меня будильник...

А кому нужен теперь будильник! Уснуть — и не просыпаться.

— И еще у меня что есть... Только уж я не знаю... — говорит она нерешительно. — Вот, из горного хрусталя...

Она открывает коробочку и — будто шумит горошком — вытягивает длинное ожерелье, мелко сверкающее на звездах.

— Чудесное ожерелье... Смотрите, какая роскошь...

Я перебираю граненые шарики — крупные, мельче, мельче. Они приятно шумят, холодят и играют в пальцах — тянутся на резинке.

— Думаю, его если...

Она говорит так скорбно, словно теряет бесценное. Чудачка, что за него дадут!?

— Видите... оно для меня о-чень дорого...

Я понимаю: на этих хрустальных шариках кусочки ее души. Но теперь нет души, и нет ничего святого. Содраны с человеческих душ покровы. Сорваны — пропиты кресты нательные. На клочки изорваны родимые глаза-лица, последние улыбки-благословения, нашаренные у сердца... последние слова-ласки втоптаны сапогами в ночную грязь, последний призыв из ямы треплется по дорогам... — носит его ветрами.

Человеческое младенчество! Пора, наконец, покончить с этими пустяками!..

— Столько было с ним связано... Покойный Василий Семеныч в Париже его купил, на бульваре Дез'Итальен... заплатил триста франков! Тогда это была ужасная для нас сумма! Это сколько будет на наши деньги? Сто двадцать рублей на золото?! Сколько же можно было тогда купить хлеба, простого хлеба!..

— Пудов... сто двадцать.

— Ка-ак!.. Этого не может быть...

— Черного хлеба можно было купить... двести пудов, больше.

— Двести... пу-дов! Значит, если нам... по два пуда на месяц... Значит, на... двадцать лет?!

— На восемь лет, — поправляю я.

— Бо-же мой! Здесь... — она прижимает ожерелье к горлу, я не вижу ее лица, — здесь было на восемь лет жизни!.. для детей!! Не может этого быть... это же сумасшествие. Мы потеряли счет... мы все, все потеряли! Такой дешевый был хлеб?! Пе-че-ный хлеб!..

— Да, печеный хлеб... — с трудом выговариваю я это странное, забытое слово: печеный! Мы потеряли не счет... мы потеряли жизнь! Для мертвых все — ни-че-го!

Печеный хлеб... Я вглядываюсь в это странное слово... давно забытое. И вдруг... я вспоминаю! Я слышу, так ослепительно слышу — слышу! — вязкий и пряный дух живых пекарен, вижу и темные, и черные караваи на телегах, на полках, на головах, в столбушках, рассыпанные на камнях... дурманный аромат ржаного теста... Я слышу дробный хруст ножей, широких, смоченных, врезающихся в хлебы... я вижу зубы, зубы, рты, жующие с довольным чмоканьем... напруженные глотки, вбирающие спазмами...

— Тогда рабочий человек имел рубль в день, и больше... Шестьдесят шесть фунтов хлеба... пе-че-ного!! Теперь...

— Ти-ше! Ради Бога...

— На хлебной Волге погибают миллионы от голода... а радио оповещает мир, как все довольны...

— Ради Бога... ти-ше!

Мы молчим. Мигают звезды.

— Триста франков! Оно же удивительной работы... Я так

все ясно помню, тот день. Было очень жарко, в июне месяце... сезон в Париже. В "Опера" давали "Гугенотов". У нас было совсем немного денег. Муж ходил в Сорбонну, я ему помогала в языке. В тот день мы отдыхали, были в Лувре... На тротуарах... — они широкие в Париже, под полотняными маркизами — кафе, все столики, все столики... наряды, столько всякого народу... иностранцев... Прямо не верится, как будто сон... Кучера в цилиндрах, с длинными бичами. За столиками едят мороженое, буше-зефир, крокеточки... пьют цветное что-то... Столько свету!.. как сон... Господи, как сон... Персики в корзинах, абрикосы, клубника такая крупная, даже вот сейчас, как пахнет... Белые шляпы, в золотистых кружевах и лентах, такая была мода. И цветы, цветы... целые возки, в корзинах, в грудах, на руках... розы, сирени, лилии... Сладкий аромат их помню. Помню, странный старик ходил с тремя подсолнечниками на груди и приставал ко всем: "Вейе, месье!"[2]

Ему совали деньги и говорили: "Мерси, месье!" Скоро сорок лет, а я все помню мою весну. Ели мороженое из земляники, и Василий Семеныч уронил в вазочку сигару... как смеялись! Хромой газетчик сказал так бойко: "Бон аппети, месье! "[3]

И теперь там так?! Вижу, как дымится политая мостовая и все налитые следки подков... все блестит, блестит... Потом остановились у витрины... и вот, это... вот это самое, лежало там! Вот это самое. Теперь оно... здесь, здесь?!!

Я перебираю шарики. Холодные, стучат: чок-чок.

— Так мне понравилось... Стою — смотрю. И вот Василий Семеныч говорит: "А, купим!" Он никогда мне не отказывал, но тут такая сумма... А я, как в трансе... ну, не могу уйти! "Это принесет мне счастье!" Ну вот, должна купить. Зашли... Шикарно в магазине, все сверкает... какие жемчуга... И хозяин такой изящный, милый... Француз. Сейчас вот вижу: черноглазый, в лиловом галстуке с жемчужиной, волосы курчавятся, чуть с проседью... Типа такого... бон-виван! Они какими-то... сладкими духами душатся, эти бон-виваны... нежным апельсином пахнет. "Кэ вуле ву, мадам?"[4]

Я говорила как парижанка, и мы чудесно поболтали. Такая эспаньолка у него — а-ля Наполеон Третий, или кто там еще... забыла. Прикинул к шее, подкинул бархат — дивно! Повел нас в комнату зеркальную, пустил рожок... Как миллионы бриллиантов, очаровательно-волшебный блеск! И все мне: "О,

---

[2] Смотрите, месье! (франц.)

[3] Приятного аппетита, месье! (франц.)

[4] Что угодно, мадам? (франц.)

ля-ля, мадам! И всегда деньги, как в банк положите!" Представьте, это был шедевр! последняя работа какого-то старого итальянца... Вот эти, как это называется... да, грани! который гранил сэ фасет... недавно умер! "Такой работы уже не будет, мадам! Люди стали нетерпеливы и не умеют ценить. Это был гранд артист!" И мы купили. Потом смотрели "Гугеноты", я проходила по фойе, и все так на меня глядели... должно быть, принимали за богачку! С ним я не расставалась скоро сорок лет. И вот вчера грек предложил мне за него... Ну, как вы думаете, сколько? Три! три фунта хлеба!

— За человека не дали бы и крошки.

— Вы взгляните, зажгите спичку...

Спичку... Давно нет спичек. Я высекаю по кремешку на трут, дымится, но получить огонь — мученье.

— В нем восемьдесят семь камней, и в каждом больше сорока фасеток! Сколько граней! И вот — три фунта!

Чудачка... Граней! А сколько граней в человеческой душе! Какие ожерелья растерты в прах... и мастера побиты...

— Я просила грека: ну, хоть десять фунтов! Говорит — ешь камушки! Говорю: есть у вас совесть?! "А что такое совесть? — говорит. — У нас простой коммерческий расчет! это гораздо больше, чем ваша совесть! Нужно везти на Ялту, оттуда пойдет в Америку и в Европу, к настоящим людям, где все на настоящих ногах. А вы знаете, — говорит, — что такое теперь поехать в Ялту?! Это же — на тот свет поехать! Вы думаете — ваши господа большевики такие ангелы? Прежде я через два часа в Ялте, а теперь я через два часа... в балке, если не добыл пропуска! А если я добуду пропуск, я очень чего-то потерял... но об этом надо помолчать! Четыре раза я поехал — три меня ограбил! Вы думаете — некоторые люди не любят бриллиантов и золота?! И все-таки я не отказываюсь купить эти камушки и даю вам за них три дня... три дня жизни! Вот чего стоит моя совесть!"

В море играют звезды. Я смотрю. Направо, за Кастелью — Ялта, сменившая янтарное, виноградное свое имя на... какое! Ялта... солнечная морянка, издевкой пьяного палача — Красноармейск отныне! Загаженную казарму, портянку бродяжного солдата, похабство одураченного раба — швырнули в белые лилии, мазнули чудесный лик! Красноармейск. Злобой неутолимой, гнойным плевком в глаза — тянет от этого слова готтентота.

Новые творцы жизни, откуда вы?! С легкостью безоглядной расточили собранное народом русским! Осквернили гроба святых и чуждый вам прах благоверного

Александра, борца за Русь, потревожили в вечном сне. Рвете самую память Руси, стираете имена-лики... Самое имя взяли, пустили по миру, безымянной, родства не помнящей. Эх, Россия! соблазнили Тебя — какими чарами? споили каким вином?!

Народы гордые! Попустите вы стереть имя отчизны вашей?! Крепись, старая Англия, и ты, роскошная Франция, в мече и шлеме! Крепким щитом прикройся! Не закачайся, Лютеция, корабль пышный! не затони в зашумевшем море человечьего непотребства! Случиться может... И ты, Лондон гордый, крестом и огнем храни Вестминстерское свое аббатство! Придет день туманный — и не узнаешь себя... Много без роду и без креста — жаждут, жаждут... Много рабов готовых. Груды золота по подвалам, и много пустых карманов.

Я смотрю в сторону бывшей Ялты. Ее не видно. Но знаю я: течет и течет туда награбленное добро, поснятое с живых и мертвых. Течет — к морю. В море стекают реки. Течет через сотни рук, подымается на фелуги, на пароходы — плывет в Европу, на Амстердам, на Лондон... за океаны, на Сан-Франциско... Берегись, старая Европа, скупщица! не растеряй чудесное ожерелье славы! Кто знает?!

И вы, матери и отцы родину защищавших... да не увидят ваши глаза палачей ясноглазых, одевшихся в платье детей ваших, и дочерей, насилуемых убийцами, отдающихся ласкам за краденые наряды!..

А вы, несущие миру новое, называющие себя вождями, любуйтесь и не отмахивайтесь. Пафосом слов своих оплакиваете страждущих?.. Жестокие из властителей, когда-либо на земле бывших, посягнули на величайшее: душу убили великого народа! Гордые вожди масс, воссядете вы на костях их с убийцами и ворами и, пожирая остатки прошлого, назоветесь вождями мертвых.

А она все сидит и томит-стонет:

— Ну, как же быть-то... с детьми-то как?.. Михайла Васильич принес горошку, последнее. Сам ест желуди и горький миндаль, мелет на кофейной мельничке виноградные косточки и печет из них какие-то пирожки... опыт над собой производит и пишет работу. Вы понимаете, он уже... не в себе. Ну, как же? Конечно, я отдам ожерелье... пусть хоть три фунта...

Я не могу сидеть, слушать... Я ухожу и брожу по саду, путаюсь по кустам, натыкаюсь на кипарисы, ищу дышать... Душно от кипарисов, от треска цикад, от неба... Ночь черная, ободок молодой луны давно свалился. Подходит урочный час — ходить начинают, с лицами в тряпках — в саже, поворачивать к стенке, грабить. Защитить некому. Могут прийти с минуты на минуту. Загремят в ворота и крикнут слово, отпирающее все двери:

— Отворяй, с ордером из Отдела!..

А соседи ткнутся головами в подушку и будут слушать...

В ГЛУБОКОЙ БАЛКЕ

В море начинает белеть — в море рассвет виднее, — но горы еще ночные, в долинах — мгла. Намекают по ним беловатые пятна дач. Время идти в Глубокую балку, по холодку, — рубить.

Топор и ремень со мной. Я поднимаюсь на гребень горки. Все — на пороге нового дня и — спит. Невесело просыпаться.

Серые виноградники по холмам, мутная галька пляжа... красный огонь на вымпеле!.. Не ушел еще "истребитель". Семеро могут встретить еще одно утро жизни. Я напрягаю глаза — в серую муть рассвета. Видно на посветлевшем море, как суетятся на пристани темные пятнышки. Их ведут, — запоздали? Делают это обычно глухою ночью. Или хотят показать, как встает над родными горами солнце, в последний раз?..

Я неотрывно смотрю. Погасает огонь на вымпеле, начинает дымить труба. Почему петухов не слышно? Не погромыхивает с шоссе раннею таратайкой? Или пропали звуки?!.. Дробная сверль свистка — единственный знак рассвета?..

Нет... Я слышу унылый крик — неумирающий голос с минарета. Стоит над городком белая, тонкая свеча — и только одна она еще посылает измученный привет утру. Только она одна кричит воплем, что над горами, над городком, над морем, над всем, что на них и в них, пребывает Великий Бог, и будет пребывать вечно, и все сущее — Его Воля. Вознесите великому молитву за день грядущий!

Пенится за кормой, и, бросая дугою след, "истребитель" уходит в море. Пошел — на Ялту.

Их было семеро, с поручиком-командиром. Татары больше. Долгие месяцы держались они в лесах и камнях, на перевале, в снегах и ливнях. Грозили и не сдавались. По Крыму их были сотни — не захотевших неведомой им Европы. Ловят перепелов на дудочку, селезней на утиный "кряк". Их поймали заманкой: объявили — прощение. Они спустились с оружием — своей честью — почерневшие и худые, с тревожно-сверкающими глазами застигнутой горной птицы. Они ходили по городку тревожно, плечо к плечу, приглядываясь к углам, прислушиваясь к ночным моторам. Они стереглись ночами, не выпускали из рук винтовки. Они поглядывали к горам, где камни были для них — родное: из камня выросли их аулы. Пока — им не разрешали туда вернуться. Их возили на фаэтонах: смотрите — друзья, союзники! покорились! Их

71

кормили бараниной и поили вином — братались. И тенью следовали за ними ясноглазые люди в коже. Их выпытывали приятельски о лихой жизни на перевале, об оставшихся там глупцах, о тропках... Потом — отобрали оружие: теперь мир, и они завтра поедут в свои деревни. Потом их забрали, ночью. Потом... сегодня уедут дальше. Уехали. С ними могут покончить в море — швырнуть с камнями...

Я долго стою на горке, смотрю на кипящий хвост.

Может быть, тут же, на берегу, их жены, матери... или из деревень горных видят черную лодочку на море и не чуют. Радуются прощенью, ждут: власти нельзя не верить. Слезы выплаканы давно. Теперь — ослепнут. Так ослепла старая татарка, над которою сжалились осенью, отдали задыхающееся тело ее офицера-сына, забитого шомполами. Она вымолила его, выбила головой у камня, в ногах у палачей была.

— Теперь можешь везти! — сказали.

И она, счастливая, на горной глухой дороге целовала его в погасающие глаза, приняла его вздох на родных коленях. Глухие буковые леса слушали ее тихий плач — да камни. Да старик возница, сосед-татарик, тер кулаком глаза.

— Не плачь, горькая женщина, — сказал он. — Лучше своя земля.

Этих не выдадут.

Я отрываю себя от моря, иду — высчитываю шаги, чтобы запутать мысли. Вот и Глубокая балка — конец мыслям. Теперь — бить крепче по пням дубовым, тысячелетним, в земле увязнувшим...

Здесь стены — чашей, по ним — корявые кусты граба, над головою — небо. Рубить, не думать. А толканутся думы — рвать их по зарослям, разметать, рассыпать. Смотреть на странные кусты граба, игру природы. Не кусты, а чудесные превращения, таинственные намеки...

Вот — канделябр стоит, пятисвечник, зеленой бронзы, — кто его сбросил в балку? А вот, если прищуришь глаз, — забытая кем-то арфа, затиснутая в кусты, — заросшее прошлое... рядом — старик горбатый, протягивающий руку. Кольцами подымается змея, живая совсем, когда набегает ветер. Знаки упадка и пустоты и лжи? А где-то вознесшийся черный крест, заросший... Вон он, не затеряется: прицепилась к нему портянка, и насунутое горлышко бутылки посвистывает-гудит в ветер. Это матросы из Севастополя стреляли здесь в цель — в бутылку. А вот знаменательный знак вопроса: ветром загнуло-выгнуло тонкую поросль граба. Недоуменный вопрос — о чем? Я все повырублю в балке, но крест оставлю, горлышко сниму только. Нет, оставлю и горлышко: в осенний ветер будет гудеть-выть Крест — само естество живое — в опустевшей Глубокой балке. Будет стонать, вопить. А вопросительный знак...

Я ударом срублю знак: он всегда заставляет что-то решать и думать. Довольно решать и думать! Никаких вопросов! Конец и арфе, и канделябру, и старику... Змею я кромсаю на кусочки. Никаких намеков! Пусть пустота — и только.

Я вырубаю дубовые "кутюки" — с визгом летят осколки. Глаз бы хоть выбили... оба глаза... Тьма все накроет. Смотрят на меня ящерки, желтобрюх толстой веревкой медленно уползает с тропки — тихие жильцы балки. С ними люблю молчать. Кузнечики прыгают на меня, ерзают в моих дырьях — по знакомству. И я замираю от изумления, когда примечу в кусту изможденного "богомола": в порыжевшей ряске, стоит он на умной своей молитве, воздевая иссохшие руки-лапки. Не на Крест ли он молится, монах усохший? Или не видит, что на Кресте — бутылка?!

Если бы только это: кусты и камни, в камнях и в норах живущее! Но есть и еще, другое...

Я непременно увижу позеленевшую солдатскую гильзу, измятую манерку или лоскут защитного цвета, — и все, залившее кровью жизнь, ударяет меня наотмашь. Колышется и плывет балка, текут по ней стеклянные паутины...

Живут вещи в Глубокой балке, живут — кричат.

Здесь когда-то — тому три года! — стояли станом оголтелые матросские орды, грянувшие брать власть. Били отсюда пушкой по деревням татарским, покоряли покорный Крым. Пили завоеванное вино, разбивали о камни и вспарывали штыками жестянки с консервами. Еще можно прочесть на ржавчине — сладкий и горький перец, фаршированные кабачки и баклажаны, компот из персиков и черешни — "Шишман"... Тот самый Шишман, которого расстреляли по дороге. Валялся в пыли, на солнце фабрикант консервов в сюртуке и манишке, с вырванными карманами, с разинутым ртом, из которого они выбили золотые зубы. Теперь не найти консервов, но много по балкам и по канавам ржавых жестянок, свистящих дырьями на ветру. Одуревшие от вина, мутноглазые, скуластые толстошеи били о камни бутылки от портвейна, муската и аликанта — много стекла кругом! — жарили на кострах баранов, вырвав кишки руками, выскоблив нутро камнем, как когда-то их предки. Плясали с гиком округ огней, обвешанные пулеметными лентами и гранатками, спали с девками по кустам...

Славные европейцы, восторженные ценители "дерзаний"!

Охраняемые Законом, за богатыми письменными столами, с которых никто не сбросит портреты дорогих лиц, на которых солидно покоятся начатые работы, с приятным волнением читаете вы о "величайшем из опытов" — мировой перекройке жизни. Повторяете подмывающие слова, заставляющие горделиво биться уставшее от покоя сердце, эти громкие побрякушки — титанические порывы духа, гигантское обновление жизни, стихийные взрывы народных сил, величавые устремления осознавшего свою мощь гиганта-пролетариата... — кучу гремучих слов, проданных за пяток беспардонно-беспутными строкописцами.

Тоскующие по взлетам, вы рукоплещете и готовы послать привет. Вы даете почетные интервью, восхищаясь и одобряя, извиняя великодушно частности, обязательно повторяя, что не ошибается только тот, кто... Ну, понятно. Ваши громкие имена, меченные счастливым роком, говорят всему миру, что все в порядке вещей. Благосклонные речи ваши наполняют сердца дерзателей, выдают им похвальный лист.

Невысока колокольня ваша: с нее не видно.

Покиньте свои почтенные кабинеты с успокоительным светом приятных ламп, с тысячами томов, закрывавших золотом переплетов оголенную сущность жизни. Ступайте и досмотрите сами. Увидите не бумагу, засыпанную словами: увидите затекшие кровью живые души, брошенные как сор. Увидите всё, если только хотите видеть! Увидите и самих дерзателей, развязно не забывающих, что императорские — дворцы, "роллс-ройсы" и поезда, тонкие вина прошлого, покоящие кресла, поглощающие ковры, белье тончайшего полотна с несорванными коронами, посуда с гербами чужих столов, — добытое дерзаньем, — куда приятней пустых панелей бродяжной жизни; что прекрасные вещи важнее прекрасных слов, а славу можно сорвать и дерзостью; что соблазнительными речами можно замазать глаза рабам, наглухо забить уши, а для охраны — можно нанять штыки.

Пойдите сами!

Но не с именем громким, на мир бряцающим. Громкому имени подадут покойный вагон-салон, сладко баюкающий качаньем, пущенный на последнюю корку, вырванную у нищего. Громкое имя пропишут в зеркальной рамке столичного Гранд'Отель, заботливо сбереженного про себя. Громкое имя оттиснут жирно в "известиях" собственного завода. Будут поить вином высочайшей марки, будут кормить телятами в молоке, стерлядями и дичью лесов сибирских, мастерски изготовленными лейб-поваром а-ля рюсс, — такими деликатесами, которые уже и во сне не снятся миллионам людей без имени. И покажут гордому имени волшебную панораму... в рамке!

Нет! Вы дерзните пойти без имени, пойти в недра... И не глядите через куклак. Увидите! Но осторожны будьте: можете упасть в яму.

Хорошо наблюдать грандиозный пожар с горы, бурю на океане — с берега. Величавое зрелище!

Пусто, глухо в Глубокой балке, но и здесь не уйти от них. А если подняться выше — увидишь белые петли шоссе на Ялту. Стоят на бугре две палочки, два столба телеграфных. Проволоки на них какой уже год звенят все одно и то же — посылают приказы смерти. Здесь расстреляли на полном солнце только что накануне вернувшегося с германского фронта больного юнкера-мальчугана, не знавшего ни о чем, утомившегося с дороги. Сволокли сонного, привели на бугор, к столбам, поставили, как бутылку, и расстреляли на приз — за краги. А потом опять пили, жрали баранину и спали по кустам с девками. Пьяными глотками выли "тырционал"...

За кустами граба и дубняка виднеется деревянный шпиль и красная крыша разбитой фермы. Недавно шумела молодостью и силой. Помню благодатных коров, бурых и беломордых — Красулек, Полек, томно щурившихся на солнце, с ленцой жующих" когда бойкие бабьи руки позванивали играючи по ведрам. Помню мудрую хлопотню, сверкающие бидоны, громыхающие к закату, когда черная таратайка спускалась с ними, звонко плескавшими. И славных ребяток помню — пузатого мальчугана-трехлетка, обожженного солнцем до черноты, с кусищем пышного ситного в кулачке — убегающего от кур с ревом, и круглоликую голоножку, играющую с телятами. Я и сейчас еще слышу вязкий и острый дух коровьего пота и навоза. Что за благодатная сыть! какое море молочное!.. благодатное какое солнце!..

Иссякло море. Согнали коров во всенародное стойло, и усохло море молочное...

Ветром развеяны коровы. Заглохла ферма. Растаскивают ее соседи. Там — пустота и кровь. Там конопатый Гришка Рагулин, матрос, вихлястый и завидущий, курокрад недавний и словоблуд, комиссар лесов и дорог округи, вошел ночью к работнице погибавшей фермы и недававшуюся заколол штыком в сердце. Нашли свою мать со штыком проснувшиеся с зарею дети... Пели по ней панихиду бабы, кричали при белом свете с обиды за трудовую сестру свою, требовали к суду убийцу. Ответили бабам — пулеметом. Ушел от суда вихлястый курокрад Гришка — комиссарить дальше.

Куда ни взгляни — никуда не уйдешь от крови. Она — повсюду. Не она ли выбирается из земли, играет по виноградникам? Скоро закрасит все в умирающих по холмам лесах.

Я рублю и рублю... Довольно: полон мешок "кутюков" дубовых, довольно сучьев. Потяну ремнем в гору, потом с горы, потом в гору... Солнце залило балку, над головой день полный и жарко-жаркий. Сажусь у Креста, на камень. Дремотно зудят цикады. Дремлется на жаре...

ИГРА СО СМЕРТЬЮ

— Добрый день!

Я вздрагиваю — лечу как в пропасть. Спал я? Солнце совсем высоко, а у меня еще много дела: надо нарвать листу, выпустить курочек; надо идти далеко, к татарину, просить ячменю пять фунтов за проданную рубаху...

— Кажется, вы спали... Помогу вам нести.

Стоит под Крестом оборванный человек, чернявый, с опухшим желтым лицом, давно не бритым, не мытым, в дырявой широкополой соломке, в постолах татарских, показывающих пальцы-когти. Белая ситцевая рубаха подтянута ремешком, и через дырья ее виднеются желтые пятна тела. По виду — с пристани оборванец.

Я его давно знаю: собрат, молодой писатель, Борис Шишкин. Он присаживается на камень, и мы молчим.

Почему-то мне особенно тяжело при нем. Тянет на меня жутью. Чуется мне, что неумолимое стоит за его спиной, стоит-поигрывает — смеется: пожмет за горло и неожиданно выпустит — ну, дыши! Его судьба необыкновенно трагична. Я вижу, как она откровенно играет с ним: то — вот отнимает жизнь, то — вот нежданно дарует! И — сыграет наверняка. С ним что-то должно случиться. Что — не знаю. Но с ним что-то случится... Когда я встречаюсь с ним, мне становится его жалко и тяжело. Его мечта — он ее не теряет — уйти хоть под землю от этой жизни и отдаться писательству. Я знаю, что он и теперь пишет — где-нибудь на камне, на берегу моря, в заброшенном винограднике, в полнолуние — без огня. Между строк на старых газетах, чернилами из синих каких-то ягод: не достать бумаги, не купить ни за какие деньги.

И теперь, в этой балке, он говорит о том же:

— Если бы очутиться на диком острове, ракушками питаться, кореньями... и никого чтобы, хоть бессрочно! только бы не мешали писать... Сколько у меня тем! Вы знаете... я хочу о другом писать... о детском, о таком чистом, ясном... а это все так давит!..

Я знаю, что он талантлив, душа у него нежна и чутка, а в его очень недлинной жизни было такое страшное и большое, что хватит и на сто жизней.

Он был на великой войне солдатом, в пехоте, и на самом опасном — германском фронте. Душою нежный, любовно рассказывавший о травках, он должен был убивать штыком в

77

брюхо. Он попал в плен на вылазке, три раза бежал, и три раза его ловили. В побегах он переплывал реки, блуждал в лесах, хоронился днями в хлебах, шарил в сараях по деревням, умирая от голода, вырывал у детей куски. В последний побег он дошел до передовых позиций, в ночной обстрел был ранен своею пулей и оказался в немецкой цепи. Его чудом не расстреляли как шпиона. Его подвесили, в наказание, на столбу, за скрученные назад руки, ему "щекотали" скребками ребра до обморока и потом его опустили в шахты. В шахтах морили голодом. Он раздулся как от водянки и едва передвигал ноги, но его заставляли возить вагонеткой уголь. Но судьба поиграла с ним и под землею. Его засыпало взрывом с десятком пленных. Через трое суток его отрыли — единственного живого: счастливо его прикрыла опрокинувшаяся тележка. Он с полгода пролежал в больнице и воротился в Россию при обмене пленных. Он добрался до городка на нижнем Днепре, уже при Советской власти, и должен был поступить на службу, — выбрал себе по сердцу — подбирал беспризорных детей-сирот. Город взяли казаки, его захватили на улице с портфелем, признали за комиссара и потащили, но проходивший по улице офицер узнал в нем своего исправного взводного по роте, на германском фронте. Это было, конечно, чудо. Но чего не бывает в жизни! Он перебрался в Крым, где встретил свою семью, попал в армию добровольцев, признан нестроевым и служил в городке, при комендатуре. При отступлении он не ушел за море. Его арестовали большевики и уже хотели, раздев до подштанников, гнать на Ялту, где ожидал верный расстрел, как опять его спасло чудо: он показал кому-то тощую книжку своих рассказов и рассказал историю своей жуткой жизни. Пьяный палач глядел на него тупо и повторял: "А, черт... его не берет пуля!, моя — возь-мет!" — Взял его за плечо, сдавил крепко и, повторив еще раз, жутко: "Моя... возьмет... — оттолкнул бешено: — Ступай... к черту!" Он опять поступил на службу — по приказу. Он должен был шарить по дачам и, против воли, совестливый и тихий, он отбирал кровати, столы и стулья, лампы и самовары — для начальства. Он заведовал рабочим клубом, куда никто не ходил, и политической читальней, из которой не брали книги. Но он был честный работник, ему предложили ответственную должность, ему предлагали стать коммунистом, но он подал заявление о болезни и, наконец, получил свободу. Теперь он мог ходить по садам — работать за полфунта хлеба и писать рассказы.

— Теперь я свободен! Совсем уйду из проклятого городишки... не буду ни-чего видеть, слышать... В скалах буду жить. Солнышко, да звезды, да море... У нас там ти-хо! За десять верст отсюда. Пусто под Кастелью. Там была дача у дядюшки... дядюшка еще в прошлом году в Константинополь уехал, и мы отхлопотали, как трудовое хозяйство... будем сад обрабатывать. Отец, мать и я. Братишку на днях от военной службы по чахотке освободили... Посеяли мы кукурузу, виноград снимем, заведем корову... Заходил к вам на дачу проститься, здесь отыскал...

Он был неописуемо счастлив. Он сидел под "крестом", наклонив голову к коленям, и что-то проглядывал в тетрадке.

— Буду писать повесть... "Радость жизни"! Я так ее чувствую теперь... Только не этой жизни, а... ласковой... я ее представляю себе, как голубое небо...

Он так счастлив, что не может думать. Он только чувствует.

— Там у нас есть древний Хаос, обвал давний... в камнях — ниши. Устрою себе там комнатку, а свет будет проходить в щели, сверху... Там хорошо писать! А вместо стола будет глыба из диорита... На будущий год посеем пшеницу. Только бы зиму перебиться! Теперь печем лепешки из желудей... у нас с прошлого года запасено, но только тошно от них...

Его опухшее желтое лицо — лицо округи — говорит ясно, что голодают. И все-таки он счастлив.

— А лучше бы было, пожалуй, тогда уехать... Европа! Ради семьи остался. Отца, мать жалко было бросать, сестренку... Теперь редко буду приходить в город...

Так мы сидим под "крестом", думаем — свое каждый.

— Да!!.. — вскрикивает он вдруг. — Слышали, что случилось?!

— Что же случилось? Разве может еще что-нибудь случиться!

— Убежали! сегодня ночью!..

— Они... убежали?!! те?!.. Перед глазами круги, шары...

— Все... все убежали... теперь уж там! — показывает он на горы. — Из-под самой "мушки"!

Доктор... провидец доктор! Перед смертью ему открылось?.. или ходили слухи? Но если бы были слухи, не прозевали бы те...

— Произошло это около часу ночи. В два часа их собирались забрать на "истребитель"... везти в Ялту. За ними-то и прислали. Ходили слухи, что они стали слабеть от голоду — всего по четвертке хлеба да и не каждый день! а какого хлеба... вы сами знаете. С ними сидел какой-то француз, за что —

неизвестно. Он-то и показал на допросе, как все случилось. А мне знакомый передавал, коммунист. Всю ночь такая каша у них была!.. Будут теперь аресты, возьмут заложников... Вот как было. Они не собирались бежать первое время, надеялись, что подержат и выпустят. Но когда стали слабеть — решили, что хотят заморить их голодом. Что их расстреляют, они не верили. Ведь объявили амнистию! Ну, сошлют... И вот как-то узнали, что в Симферополе расстреляли спустившихся с гор "зеленых", как и они, и главного кого-то, черкеса, кажется... А то ухаживали и соблазняли службой. Тогда — решили бежать, когда выведут из подвала. Что их повезут сегодня ночью, они не знали. Потом передумали: испугались, что скоро ослабнут так, что не в силах будут бежать. И вот решили бежать этой ночью! Как раз за час до увоза!.. подумайте — какой случай! Составили план и бросили жребий, кому собою пожертвовать... кому с часовым схватиться. Ведь безоружные! Француз не тянул жребия, отказался бежать. Верил, что его непременно освободят, неизвестно, за что схватили... Француз — и только. Теперь его повезли в Ялту: знал о побеге и не донес! Жребий выпал татарину. Они все — там были и русские, и татары, и чеченцы... они обнялись и поцеловались... простились перед судьбой... Как это... хорошо! Совсем одичали, затравлены... всюду кровь, и... такое братство перед судьбой! Потом нарочно подняли шум в подвале, чтобы выманить часового. Вышло, часовой сунулся... Татарин схватил винтовку... тот на него... они и ринулись! сбили наружного часового и пропали. Ночь была темная, побежали прямо к горам, рассыпались... захватили винтовку... Наружный поднял тревогу, убил татарина, заколол. Теперь ответит за всех француз. В городишке нет лошадей, и ночь... а им все пути известны. Теперь перевал даст знать! Подпоручик у них лихой!.. Пощады теперь не будет... Все шестеро.

Я благодарно смотрю на горы, затянувшиеся жаркой дымкой. Они уже там теперь! Благодатный камень!.. и вы, леса...

— Коммунисты теперь напуганы, опять перевал отрезан. И на машине не сиганешь — обстрел! Все повороты пристреляны. Теперь ночевать боятся, будут налеты с гор. Квартиры известны... понятно, у тех есть связь, а не нащупаешь...

Хоть шестеро жизнь отбили! Я с любовь смотрю на горы, благостные, суровые — покровители храбрых. Храбрых укроют камни. Простая правда у них — своя. Храбрыми Бог владеет! Могут быть милостивы — недвижные. Люди на них живут, укроют люди. Последним куском поделятся. Правда у них —

своя. Будет продолжаться борьба, за правду, борьба за душу. И днем, и ночью. На глухих тропках, над пропастями, в орлиных гнездах, на проезжих дорогах... С радостью припадут к ключам светлым, будут слушать чуткую тишину в горах... Чудо могло случиться!

— Жить интересно все-таки! — восторженно говорит счастливец. — Я хорошо понимаю, что значит — уйти от смерти! Счастье сознательного рождения... так чудесно!

Пора выходить из балки. Он помогает мне тянуть хворост, взвалил и мешок с тяжелыми "кутюками". Он переполнен счастьем.

— Я... сво... боден!! Чудесный сегодня день! Какие горы!., вижу, как они дышат, и праздник у них сегодня, воскресенье... я напишу о них! Какие бывают случаи...

Я его вижу в последний раз! Ни он и никто не знает, что вот случится... Детски-наивное лицо его светится таким счастьем. А где-то плетут петли, и никто не чует, какая спасет от смерти, какая его задавит.

Так доходим до домика. Нас встречает павлин тоскливым криком — стоит на воротах, зелено-фиолетово-синий, играет солнцем.

— Ах, красота какая! Сколько всего рассыпано... бери только!

И я не чую, что смерть заглядывает в его радостные глаза, хочет опять сыграть. Четыре раза, шутя, играла! Сыграет в пятый, наверняка, с издевкой.

ГОЛОС ИЗ-ПОД ГОРЫ

Я сижу на пороге своей мазанки, гляжу на море. И тишина, и зной. Не дрогнет паутинка от кедра к кипарису. Я могу часами сидеть, не думать... Колокола в голове и ревы — голодный шум?.. Красные клочья вижу в себе я внутренними глазами — содом жизни...

Но вот рождается тонкий и нежный звук... Если схватить его чуткой мыслью, он приведет с собой друга, еще, еще... и в охватывающей дремоте они покроют собой все гулы, и я услышу оркестр... Теперь я знаю музыку снов — не снов, понятны мне "райские голоса" пустынников — небесные инструменты, на которых играют ангелы?..

Поет и поет неведомая гармония...

...П-бааа! ...

Сбил ее в горах выстрел — поймал кого-то? И вот — кровяные клочья... и вот они — действующие сей жизни? стонущие, ревущие...

Белые курочки болью смотрят в мои глаза. Знаю — и в ваших головках шумы, но не уловите тонкий звук, не приведете гармонию. Что вы глядите так? тени стоят за вами?.. Что вы, маленькие друзья мои, вглядываетесь в меня тоскующими глазами? Не надо бояться смерти... За ней истинная гармония! Ты, Жемчужина, не понимаешь, какой и ты чудесный оркестр, — ничтожный, и все же — наичудеснейший! Твой черный зрачок, пуговичка-малютка, — величайшее чудо жизни! В этой лаковой точке огромное солнце ходит... миры бескрайние! И море в твоем глазке, и горы, вон эти, серые, в камне, в дымке... и все на них — и леса, и звери, и люди, стерегущие по пустым дорогам, притаивающиеся в камне... и я, у которого в голове вся жизнь. Все уловишь своим глазком, который скоро уснет, все унесешь в неведомое... А твое перышко — оно уже потускнело, но и оно — какая великая симфония! Великий дал тебе жизнь, и мне... и этому чудаку-муравью. И он же возьмет обратно.

Ах, какой был чудесный оркестр — жизнь наша! Какую играл симфонию! А капельмейстером была — мудрая Жизнь-Хозяйка. Пели свое, чудесное, эти камни, камни домов, дворцов, — как орут теперь дырявыми глотками по дорогам! Железо пело — бежало в морях, в горах... звонило по подойникам, на фермах, славной молочной песенкой, и коровы трубили благодатной сытью. Пели сады, вызванные из дикости, смеялись мириадами сладких глаз. Виноградники набирали грезы, пьянели землей и солнцем... Пузатые бочки дубов ленивых, барабаны будущего оркестра, хранили свои октавы и гром литавр... А корабли, с мигающими глазами, незасыпающими в ночи?! А ливнем лившаяся в железное чрево их золотая и розовая пшеница свое пела, тихую песню тихо родивших ее полей... И звоны ветра, и шелест трав, и неслышная музыка на горах, начинающаяся розовым лучом солнца... — какой вселенский оркестр! И плетущийся старик-нищий, кусок глины и солнца, осколок человечий, — и он тянул свою песню, доверчиво становился перед чужим порогом... Ему отворяли дверь, и он, чужой и родной, убогая связь людская, засыпал под своим кровом. Ходил по жизни ласковый Кто-то, благостно сеял душевную мудрость в людях...

Или то сон мне снился, и не было звуков чарующего оркестра? Я знаю — не сон это. Все это было в жизни.

Я же ходил и по темным дорогам Севера; и по белым дорогам Юга. Я доверчиво говорил с людьми, и люди доверчиво отвечали мне, и Христос невидимо ходил с нами. Чужие поля были мои поля, и далекая песня незнакомого хутора меня манила. Шаги встречного на глухой дороге были шаги моего товарища по жизни, и не было от них страха. И ночлеги в полях, и ласковость родной речи... Правила всем и всеми старая, мудрая Жизнь-Хозяйка!

И вот — сбился оркестр чудесный, спутались его инструменты, — и трубы, и скрипки лопнули... Шум и рев! И не попадись на дороге, не протяни руку — оторвут и руку, и голову, и самый язык из гортани вырвут, и исколют сердце. Это они в голове — шумы-ревы развалившегося оркестра!

Шуршит за изгородью, шипит... будто змеи ползут на садик. Я вижу через шиповник — ползет гора хвороста и дерев, со свежими остриями рубки. Шипит хвостом по камням дороги. Ползет гора хворосту, придавила человека. Останавливается, передыхает — и слышу глухой голос из-под горы:

— Добрый день...

Через редкий шиповник я вижу волосатые ноги, в ссадинах, мотающиеся от слабости.

— Добрый день, Дрозд. Свалите пока, передохните.

— Нет уж... потом и не подымешь...

Это почтальон Дрозд. Почтальон когда-то... Теперь?.. Какие теперь и откуда письма?!

Правда, в первый же день прихода завоеватели объявили

83

"сношения со всем миром". Пришел на горку пьяный Павляк, комиссар-коммунист недавний, бахвалился:

— Установил сношения с Францией... с чем угодно! Пу-усть попишут, покажут связь... Как мух изловим!..

Не овладел Павляк с величием своей власти: выпрыгнул из окна, разбил череп. И прекратились "сношения". Новый начальник, рыжебородый рассыльный, рычит из-за решетки:

— Че... го-о?.. Никакой заграницы нету! одни контриционеры... мало вам пи-сано? Будя, побаловали...

И вот сложил свою сумку Дрозд и — "занимается по хозяйству".

Каждый день поднимается он мимо моей усадьбы, с топором, с веревкой, — идет за шоссе, за топливом — на зиму запасает. Я слышу его заботливые шаги перед рассветом. Нарубит сухостоя и слег, навалит на себя гору и ползет-шипит по горам, как чудище, через балки — и вверх, и вниз. За полдень проходит мимо, окликнет и постоит: дух перевести надо.

Это — праведник в окаянной жизни. Таких в городке немного. Есть они по всей растлевающейся России.

При нем жена, дочка лет трех и наследник, году. Мечтал им дать "постороннее" образование — всестороннее, очевидно, — дочку "пустить по зубному делу", а сына — "на инженера". Теперь... — впору спасти от смерти.

Когда-то разносил почту по пансионам с гордостью:

— Наша должность — культурная мисси-я! Когда-то покрикивал весело:

— Господину Петрову — целых два! Господину агроному... пишут!

Потом говорил торжественно, в изменившемся ходе жизни:

— Гражданке Ранейской... по прошлогоднему званию — Райнес! Товарищу Окопалову... с соци.. алистическим приветом-с!

Потом — прикончилось.

Он с благоговением относился к европейской политике и европейской жизни.

— Господину профессору Коломенцеву... из... Лондона! Приятно в руках держать, какую бумагу производят! Уж не от самого ли Ллойд-Жоржа?.. Очень почерк решительный!..

Ллойд-Джорджа он считал необыкновенным.

— Вот так... по-ли-тика! Будто и на социализм подводит, а... тонкое отношение! С ним политику делать... не зевать. Прямо... необыкновенный гений!..

84

И пришло Дрозду испытание: война. Растерянный, задерживался, бывало, он у забора:

— Не по-ни-маю!.. Такой был прогресс образования Европы, и вот... такая некультурная видимость! Опять они частных пассажиров потопили! Это же невозможно переносить!.. такое озверение инстинктов... Надо всем культурным людям сообразить и принести культурный протест... Иначе... я уж не знаю что! Немыслимо!

Он ходил в глубокой задумчивости, как с горя. За обедом, хлебая борщ, он вдруг задерживал ложку, ужаленный острой мыслью, и с укоризною взглядывал на жену. Его четырехугольное, скуластое лицо с мечтательными, голубиного цвета, глазами, какие встречаются у хохлов, сводило горечью.

— Разве не посолила? — спрашивает жена.

— Так нарушать, прин-ципы, культуры, нравственности! — с укоризной чеканил Дрозд, тряся ложкой и расплескивая борщ на скатерку. — Европа-Европа! Куда ты идешь?! над бездной ходишь!.. Как ниспровергнуто все, аж!..

— Да кушай, Герасим... борщок стынет. Сдалась тебе твоя Ивропа, какое лихо!.. Ну, шшо тэбэ... гроши тэбэ дають?..

— Гро-ши! Ну, шо ты у политике домекаешь? А-ааа... Правильно говорит Прокофий: подходят страшные времена из Апокалипса Ивана Богослова... кони усякие, и черные, и белые... и всадники на них огненные, в железе... в же-ле-зе!

— Зачитал голову твой Прокофий, всем голову морочит. Таня сказывала... всех детей на крышу с собой забрал ночевать и топор унес, чудеса ему чудятся...

— Чу-де-са... — с укоризной отвечал Дрозд. — Чудеса могут быть. Если куль-ту-ра так... ниспровергает, то обязательно нужны чудеса, и бу-дут! От... крове-ние! А почему — откровение?! От... кро-ви! Если такая кровь, обязательно будут чудеса! Прокофий чу-ет. Говорит как?.. "Не имею права брать за работу деньги, в деньгах кровь. Я тебе сапоги сошью — ты мне... хлебушка душевно принеси!" Вот как надо, если по закону духовному... Это — куль-ту-ра! И вот даже Ллойд Жорж!..

— Сирот и оставит Прокофий твой.

— Сирот должны добрые люди подобрать, с любо-вию! Чего ты так понимаешь? Нужна нравственная мораль! Чем люди живы? Ну?! Что граф Лев Толстой велит... его вся Европа уважает, как... гения! А в двадцатом веке... и один дикий инстинкт! А-аааа!..

Он очень любит слова: прогресс, культура. Говорит — "прогрес" и "референ-дум". Он уважал людей образованных и называл себя... прогрессистом. Он не разбирался в партиях: он только хотел — "культуры". И когда налетели большевики и стали хватать по доносам, кого попало, схватили и смиреннейшего Дрозда — "врага народа". То были первые большевики, матросы, дикари, и с ними гимназист из Ялты — командиром. Они посадили Дрозда в сарай, вместе с калекой нотариусом и Иваном Михайлычем, профессором, которому на днях пожаловали пенсию — по фунту хлеба в месяц. Две ночи сидел Дрозд в сарае, ждал расстрела. Спрашивал "господ":

— За что?! Политикой не занимался, а только разве про культуру. Скажите речь им... про культуру и мораль! обязательно скажите! просветите темных!..

В сарай совались матросьи головы:

— Что, господа енералы?!. Сегодня ночью рыб кормить будете господским мясом...

— Хорошо, братцы... Один Господь Бог и в смерти и в животе волен, а ты только Его орудие... помни и не гордись! Может, для твоего вразумления так дано... каяться потом будешь! Ну, ладно, все едино... Ну, мы пусть генералы... хорошо... — покивал им Иван Михайлыч, — хотя ты, друг мой глупый, правой руки от левой не отличишь, а в политику полез. Тебе бы, дурачку, на корабле плавать да с немцами воевать, Россию нашу оборонять, а ты вон винцо потягиваешь чужое да охальничаешь! А зачем вот трудового человека, почтальона, убить хотите? У него детки малые на руках мозоли... Креста на вас нету!..

— А не твоего ума дело, старый черт... разговорился! Ужо с рыбами поговори, дворянская кость! по праздникам кладешь в горсть, по будням размазываешь?..

Не стерпел Иван Михайлыч обиды, схватил через дверь костлявой рукой матроса за синий воротник, — обомлел даже матрос от такой дерзости, крикнул только:

— Пу... сти... по-рвешь, черт!.. чего сдурел?..

— Как — чего? Да я сам вологодский, как ты... православный!

— Как так?! Ужли и ты вологодский?! — обрадовался матрос, и его широкое, как кастрюля, дочерна загорелое лицо раздвинулось еще шире и заиграло зубами.

— Как же не вологодский? Говору своего не чуешь? Смеются как про нас!.. "Ковшик менный упал на нно... оно хошь и досанно, ну да ланно — все онно!"

— Ах, шут те дери... верно-пррравильно! Ну, старик... наш, вологодской? Покажься мне... — радовался матрос, захватывая

Ивана Михайлыча за плечи. — Правильный, наш! А... стой! Уезду?!

— Чего там — стой... ну, Усть-Сысольскова уез-ду... ну?!

— Ка-ак так?! И я тоже... Ус... сольскова? Н-ну... де-лааа...

— Я сам земельку драл да в школу бегал... да вот и профессор стал, и книжки писал... и опять могу землю драть, не боюсь! А чего вы этого человека забрали, топить сбираетесь?..

— За-чем... мы его на расстрел присудили, за снисхождение...

— Да вы, головы судачьи, глаза-то сперва мылом промойте...

— Да ты чего лаешься-то, не боишься ничего, старый черт?!

— Говорю — вологодской, весь в тебя! А чего мне бояться-то, милой? Я уж одной ногой давно во гробу стою... а вы вот, видно, сами себя боитесь — мальчишку-молокососа себе за командира выбрали, стариков убивать! Да его еще за уши рвать нужно... я ему, такому, двойки недавно за диктовку ставил... Вы с него, сопляка, штаны-то поспустите да поглядите: задница, небось, порота, не поджила!..

Дергал нотариус старика — ку-да! А тут еще подошли матросы. И уж что ни говорил им ялтинский гимназист, как ни взывал к революционному самосознанию и партийной дисциплине, вологодский матрос взял верх. Выпустил из сарая всех:

— Ну вас к лешему!

То было другое время — другие большевики, первые. То были толпы российской крови, захмелевшей, дикой. Они пили, громили и убивали под бешеную руку. Но им могло вдруг открыться, путем нежданным, через "пустяк", быть может, даже через одно меткое слово, что-то такое, перед чем пустяками покажутся слова, лозунги и программы, требующие неумолимо крови. Были они свирепы, могли разорвать человека в клочья, но они неспособны были душить по плану и равнодушно. На это у них не хватило бы "нервной силы" и "классовой морали". Для этого нужны были нервы и принципы "мастеров крови" — людей крови не вологодской...

И вот ни в чем не повинный Дрозд получил избавление от смерти. Получил — и умолк навеки. Он уже не говорил о культуре и прогрессе. Он — как воды набрал, и только глаза его, налитые стеклянным страхом, еще что-то хотят сказать. Даже о погоде он не говорит громко и не кричит, как бывало, размахивая газетой:

— Замечательная телеграмма! Рака нашли!.. Немец сывротку открыл!

— Планету новую отыскали! Как-с? Да, комету... Звезду пятой величины! пя-той!!

В войну его мучил Верден. Он не спал ночами и что-то выглядывал по карте. Бежит, бывало, газетой машет:

— Отби-ли! ...семнадцатый штурм-атаку! Геройский дух французов все смел... к исходному положению! к исходному!!..

И все это кончилось — и Верден, и дух... И Дрозд умолк.

Вот он стоит под придавившей его горою. Ноги сочатся кровью, словно его полосовали ножами. Подсученные штаны в дырьях. Из-под горы высматривает с натугой бурое, исхудавшее, взмокшее лицо — мученика лицо!

— Физический сустав совсем заслаб... — таинственно шепчет Дрозд. — Питание... ни белков, ни желтков! Как-с... да, жиров! Бывало, двадцать пять пудов с подводы принимал... разве крякнешь только. Курей водил... Дите там заболеет — курячий бульон жизнь может воротить! Соседи всех курей, как бы сказать... дискредитировали... Последнего кочетка сегодня из-под кадушки вынули! Как уж хоронил... Наш народ... — его голос чуть шелестит, — весь развратный в своей психологии... Как-с? Понятно, надо бы на родину. Катеринославский я. Племянник пишет — хлеба мне пудов пять приготовил... а как доставишь? Поехал — то сыпняк, а то ограбили. А совсем собраться — все бросай! А ведь усякой стаканчик, сковородка... сами понимаете, задаром отдать надо — ни у кого нет средств. Библиотека тоже у меня... — пудов... на пять наберется! погибнет вся моя культура... — шепчет и шепчет Дрозд, глядит испуганно.

— Да, плохо, Дрозд.

— Позвольте, что я вам хочу сказать... Вся ци-ви ...ли-зация приходит в кризис! И даже... ин-ти-ли-генция! — шипит он в хворосте, глядит пугливо по сторонам. — А ведь как господин Некрасов говорил: "Сейте разумное, доброе, вечное! Скажут спасибо вам бесконечное! Русский народ!!"... А они у стару-хи крадут! Все позиции сдали — и культуры, и морали. К примеру, старушка подо мной живет, — Наталья Никифоровна, — может, знаете... блюла приют для сирот, которые от педагога Тихомирова, для народных, учителей... и на старости лет ей куска хлеба не положено! И вот один образованный интеллигент сжалился... Да, как! "Я, — говорит, — вам паек добуду. Это безобразие, такому человеку погибать! тогда все ниспровергнуто!" Побежал к докторам стыдить: старушка святая погибает в голодной смерти! не уйду, покуда не. отчислите! Отчислили. Загреб все сладости, — к старушке. "Исхлопотал! Молитесь за меня!" Заплакала старушка: угодник

Божий объявился! Выдал ей четверку сахару, с рисом смешал, мучки фунтик... Четвертую ей часть пайка, а сам себе все кашку рисовую варил на сахаре! Люди усе дознали. Прибег к старушке: "Недоразумение! Я вас не покину, но чтобы компромисса не было для меня... а то как дознают — и вас под суд за незаконное получение, и докторов в подвал посадят!" Заплакала старушка. "Уйдите от меня, я змеев боюсь!" А ведь он шу-бу на меху имеет и золотые запонки, с часами! Усе так! Ну, поеду с горки, теперь я — дома...

— Слыхали, Дрозд... бежали сегодня ночью!

Дрогнула гора, хвостом заерзала...

— Ка-ак?!.. те?!., быть того не может!..

Он смотрит в ужасе. Он не говорит, а дышит, и глаза его скосились в сторону. Ни души кругом, никто не слушает.

— Не распространяйте, Бо-же сохрани!.. — шепчет-шелестит он, возя хвостом. — Тут такое может... А верно?.. Та-ак... Ну, поехал...

Шипит шага два и останавливается — лицом на море. Шепчет:

— А дозвольте вас спросить... Как же теперь... Ллойд-Жорж?..

— То есть... что вы хотите знать, Дрозд?

Гора молчит, раздумывает — все к морю. Потом хвост ее медленно заворачивается с шипеньем, словно и он все думает, Дрозд приближается ко мне, и опять — чуть слышно:

— Так, вообще... существует?!..

Он согнулся под тяжестью горы, вытягивает, как черепаха, бурое лицо, и смотрит вывороченными с натуги, кровяными глазами. Пытает ими.

— Это на том свете, Дрозд. Все это — было.

— Значит... по-мер?!

— Жив. И с аппетитом кушает бифштекс и запивает портером.

Дрозд смотрит с ужасом.

— По... ртером?!..

Какой-то жуткий намек улавливает он в этом слове.

— Да, портером. Знайте, Дрозд: каждый народ имеет своих радетелей. И они... умеют так говорить и действовать, что, поговорив о человечестве и высоких цепях, в результате они приобретают... для своих, лишнюю бочку портера! Вы понимаете?..

— Тце-це-це-це... — пощелкивает языком Дрозд. — Да-аааа...

Он совсем валится на шиповник и упирает измученные глаза в мои. Шепчет в страхе:

— А мы-то, дураки... Да без нас немцы бы их еще в четырнадцатом сглотали!.. Вот так... оберну-ул!..

— Бифштекс и портер! А у нас... Так-то, милый Дрозд!.. И ни-кому не нужны. И сами виноваты! Он испуган насмерть. Он вертит шеей.

— А ведь как Европа... какую куль-ту-ру сеяла! А?! И сам Ллойд-Жорж... я читал усе его слова... до слез! Ну, теперь все пропадет... Герцен замечательно пишут: Россия пропадет — все пропадет! И правильно говорит Прокофий... от-кровенно! От... кро-ви.

И он уходит, праведник на кладбище нашем.

Праведники... В этой умирающей щели, у засыпающего моря, еще остались праведники. Я знаю их. Их немного. Их совсем мало. Они не поклонились соблазну, не тронули чужой нитки, — и бьются в петле. Животворящий дух в них, и не поддаются они всесокрушающему камню. Гибнет дух? Нет — жив. Гибнет, гибнет... Я же так ясно вижу!

А там... где нет миндальных садов, блистающего моря и этого смеющегося солнца, пирующего на кладбище? Там — как?..

Я смотрю на Север, за Чатырдаг синеющий... Россия, яблочные сады, поля... Если бы очутиться там, далеко-далеко от развалившихся городов, от деревень погибающих... Все идти, идти... Вот луга, росистые луга, к ночи. Какая свежесть! какою нежностью дышат дали! Обещают — чего ни пожелаешь. Так бывало... Теперь?.. Что это — темными шапками по лугам? стога ли? Гнилые стога — прорезанная сила. Сойти с дороги — и провалиться... Может быть, тихий сон навеют поля ночные, накаркают вороны на рассвете...

НА ПУСТОЙ ДОРОГЕ

Сентябрь отходит. Затихли ветры осеннего равноденствия — жару сбили. В эту пору погода суха, мягка. Воздух прозрачен, тонок. И звонко все — сухо-звонко. Выгоревшие скаты скользки и жарко блещут. Кузнечишки, сухая мелочь, вспыхивают по ним серыми брызгами. Сбитое ветром перекати-поле звонко треплется по кустам. Днем и ночью зудят цикады, заводят свои пружинки.

Кастель начинает золотиться. В долине, по ближним горкам, — все больше рыжих и красных пятен в подсыхающих виноградниках, по грабу и дубняку. Я всякое утро примечаю, как пятна всползают выше, а серого камня больше выглядывает в лесах: сохнут леса, сквозят. Крепкой, душистой горечью потягивает от гор, горным вином осенним — полынным камнем. Пьешь его на заре, — и будто чуть-чуть покалывает шампанским. Вино веселое...

А голая стена Куш-Каи — все та же, все та же летопись: пишет по ней неведомая рука. Все вбирает в себя, все видит. Смотришь на ее камень ясный и думаешь о пустыне... Кругом так тихо... Но знаю я, что во всех этих камнях, по виноградникам, по лощинам, прижались, зажались в щели и затаились букашки-люди, живут — не дышат. Ничего же не слышно! Ни выкрика, ни стона. Глядят на осень, а осень делает свое дело — раздевает.

Я знаю... знаю, как кругом тихо.

Был я недавно там — бродил по пустой дороге, по берегу. Так, без цели, как вьется в ветре перекати-поле. Зевали былые дачи. Густо сыпали кипарисы шишки — бери, не жалко. Пчелы звенели на дикой мяте, готовили зимние запасы — маленькие незнайки! Пауки по взгорьям раскинули полотняные навесы, как от солнца, а сами дремлют по уголкам, будто поджидающие по прохладным лавкам заспанные торговцы. Я так все вижу, все мои чувства остры и тонки... Я чувствую даже камни, могу говорить с пустой дорогой. Она мне рассказывает очень много... Может быть, я скоро сольюсь со всеми — и откроются мне пределы?..

Я долго стоял у Черных камней, где море пробило себе лазейки, сторожил, не увижу ли крабика между камнями. Не выползал крабик. Зачем мне крабик? Разве он мне что скажет? Это было очень давно, в сказках детства... Тогда вещие щуки дарили счастье, камни на распутье указывали судьбу, и на могилках тростинки пели... Это было очень давно, так давно, что никто не помнит...

Я отдыхал на камне, полоскало мне ноги море. Старик-татарин цапался по откосу, с усилием выдирал какую-то сухую траву, — зачем?

— Селям алекюм!

— А-а-лекюм! — хрипнул старик, взмахивая рукой, словно хотел сказать: про-пал "алекюм", как все!

Я шел и шел, выглядывая какой-нибудь ухоженный татарский виноградник, тая в мешочке, под шишками, заплатанную рубаху. Не даст ли татарин-сторож хоть груш сушеных... Не попадался ухоженный виноградник. Я забирался в ржавые заросли ажины. Не было на ажине ягод. Не было человека на дороге. А вот целых три человека! Дети...

Их было трое — две девочки и мальчик. Старшая, лет двенадцати, тревожно взглянула на меня обведенными синевой, усталыми, ввалившимися глазами, когда я присел рядом. Двое младших раскладывали на тряпке обглоданные бараньи кости, кусок овечьего сыра и татарский чурек, лепешку.

— Мунька, убери! — крикнула старшая, кинув на меня быстрый взгляд карим глазком, и сама по-хозяйски завернула тряпку.

Пир нежданный! Не скатерть ли "самобранка" эта тряпка? И не из сказки ли эти бараньи кости, и брынза, и чурек пышный — на этой пустой дороге?..

— Ешьте. Я не возьму, не бойтесь.

Они на меня косятся. Мальчуган, лет семи, смотрит ощипанным галчонком — худой, ротастый. Они все подсушены сильно, но их лица приятно-детски! красивы даже. У старшей лицо серьезно, тонкие губы сжаты, выгнуты чуть в углах — показывают характер. Но почему этот пир нежданный?! и зачем эти разноцветные ленточки?.. В черных волосах старшей — и за ушами, и на плечах, и по груди, яркие ленточки! Она все время сама оглядывает себя: красиво! И даже на замызганной, в дырьях, ситцевой юбочке — всюду нацеплены разноцветные ленточки!

— Почему ты такая, в лентах? Праздник, что ли?

Она плутовато усмехнулась:

— А так... татары нарядили... Татары?! Я еще ничего не понимаю.

— Да как накорми-ли нас! Всю ночь в кошаре кормили, и все рядили. А потом мы заснули. И вином поили, и барашку ели... И еще и домой дали!

92

— За что же они тебя вином поили? Татары вина не пьют...

— А так... поили... — и повела она плечиком и усмехнулась к морю. — И сами пили. И опять приходить наказали. У них хорошо в кошаре, весело. Барашки, собаки... Еще катык ели... а они на своей зурне играли... зурна называется.

Слово за слово — она доверчиво рассказала мне свою сказку.

— Мы из-под "Линдена", Глазковы фамилия. Знаете?! Так вы повыше живете? Так это у вас павлин... Теперь знаю. А вы мне перышков дай-те! ... Нашего папашу арестовали, будто корову у Коряка зарезал. А это... — поглядела она на меня, решила что-то и сказала: — Мы не знаем, кто у него Рябку зарезал. Мы с голоду калеем, Миша и Колюк убежали в горы... — вы никому не сказывайте! — братья старшие. А то бы их Коряк заканителил. Камунист он. Отплотим ему... как он папашу бил! Сказать татарам знакомым... Он через перевал ходил... Хорошо, Колюк покажет!.. — сказала она с детской злостью, и у ней задрожали губы.

— Мы... Коряка... убьем! камнем убьем!..— крикнул галчонок и погрозил кулачком. — Сволочь!

— У него сундуки ховали... все булзуи... мамаса скажет... — отозвалась меньшая.

— Молчи, дура! — крикнула старшая. — Нос вот утри. Все зло от Коряка пошло. Стали мы голодать без папаши... Вот мамаша и послала нас собрать шиповник или что попадется... ажину там. Велела повыше в горы идти, а то тут все погорело. И буковые орешки-пьянки... а такие, буковые. От них голова пьяная бывает, если много грызть, а то они жи-ирные, вку-усные! Пошли мы... шли-шли... — нет ничего, все пересохло. И через лес прошли, на Яйлу вышли, у Куш-Каи... Человечьи кости сколько видели...

— Три кости, вот такие! ... — показал до плеча галчонок.

— Темно уж стало, а через лес ворочаться опять... Заблудились, и есть хочется, ноги не идут. С утра ничего не ели, ягоды только. Мунька реветь стала, не может идти. И Степушка ревет... Что я с ними буду?! И вдруг собака на нас... громадная овчарка! Как закричим! А тут татары, хлопцы... чабаны! Я по-ихнему умею хорошо — сказала... Они и повели нас в кошару. Вежливые такие. Два хлопца. А у них костер, барашки ходят... Стал он меня целовать... только не безобразие какое, а... понравилась я ему. Невестой меня называл, дурной! — опять усмехнулась девочка и повела головкой. — Мусмэ якши! Досыта накормили. Потом сбегал другой, вина принес и зурну... и вот ленточек... деревня близко ихняя. У старшины сыновья они, бо-гатые! Больше тысячи барашков было, а теперь мало... Потом я спать стала, уморилась. Проснулась к утру, а они смеются, а на мне все ленточки эти!.. Как татарку убрали... у них так невест убирают. Так они нас жалели! И с собой дали, несем мамаше. Велели и еще приходить. Хлопцы очень хорошие.

Она погладила ленточку на рваной юбке и усмехнулась.

— Не как наши хулиганы. Пашка вон, под нами живет, пошла на кордон, хлебца просить... тоже мамаша послала, а они с ней нехорошо сделали! Она уже теперь... сами знаете... нарушенная стала! Так все к ним и ходит. На год только меня старше. Била ее мать — не ходи, дурнак будет... а она воет-кричит, пойду и пойду! Вот страмота! С голоду подыхать?.. Теперь какая гладкая стала!.. А татары вежливые, если бы замуж взял... пошла бы! — бойко сказала она, развязано хлопая по земле ладошкой. — Что ж, что чужая вера!?

Ну, вот и сказка. Смотрю на нее, сытую на Один день, радостную невесту... Сказать — не ходи в кошару?! Я не сказал, пошел.

Я тоже ищу кошары — татарина в винограднике, продаю заплатанную рубаху. Пустая дорога — не пустая: писано по ней осколками человечьих жизней... Вон какой-то еще осколок...

Я узнаю подвал у дороги — когда-то ездили за вином. В рыжем бурьяне — заржавленная машина, пустая бочка липовая спускает обручи. Черная кошка-выдра зябко сидит на ней — греет кости. Трещат цикады. Задремывает пустыня. Не совсем пустыня: на ржавом замке красные печати. Вино — что его там осталось! — идет кому-то...

Сидит человек на краю дороги, под туями, накручивает подвертку. Мелкоглазый, в рыженькой бороденке, рваный. Прихлопывает по сухой хвое:

— Сидайте, ваша милось! везде слободно...

По скрипучему говорку и заиканью я узнаю Федора Лягуна, он живет по этой дороге, дальше, — досматривает чье-то покинутое поместье.

— Утихомирили всех господ, теперь слободно... все утрудящи теперь могут, не возбраняется... — Он нашаривает мой мешок. — Шишечко собираете... — хорошо! Для самовара... Только вот чайкю теперь... не каждый в силах... А вот у господина Голубева пять фунтов отобрали! А какой был профессор... сто сорок десятин у такого места!.. покосы какие, виноградники... какие капиталы?!..

— А что, жив профессор?

Лягун смеется. Рыжеватая бородёнка смеется тоже, а крапины на изможденном и злом лице, веснухи, — пояснели.

— Жи-вет! До девяноста годов — живет! Всех переживет, на этот счет настойный! Как первые наши приходили, севастопольские... — потрясли. Старухе его не в чем и в гроб лечь было. Босую клали. Ему не обидно, слепой вовсе. А крепкий! Пришли ваши, добровольные... — он опять за свое, книги сочинять! Про человека изучает, насчет кишков. Не видать ему, так он на машинке все стучал. Как ни идешь мимо — чи-чи... чи-жить себе, шпарит по своей науке! А именье ему в свой черед деньгу кует. Ну, и вышла у меня с ним ошибка. Ка-ак матросики наши налетели, семинут ко мне... потому я здешний пролетарий, законный... "Товарищ Лягун, какого вы взгляду об профессоре? как нам с им? казнить его либо как?.." А время тогда было шатовое... к какому берегу поплывешь? Сегодня они, завтра, глядишь, энти подойдут... Теперь закрепились, а тогда... Ну, я, ваша милость, прямо скажу: я человек прямой... живем мы с женой, вроде как в пустыне, самой праведной жизнью... Скажи я тогда одно-о слово... шабаш! на мушку! У них разговор короткий. Прикрыл! Говорю — я в ихних бумагах не занимаюсь, а, конечно, они по науке что-то в книгах пишут... Беспорядку, я говорю, не замечаю, окроме как пять коров... А сам я, товарищи, говорю, вовсе человек больной, в чихотке... у меня чихотка трицать пятый год, и самая кровавая чихотка! Дозвольте мне, товарищи, одну коровку, черенькая... комолая... А в коровах я понимаю. Была у него Голанка, ноги у ней сзаду — так, дугой... Дали! Только я от ее телка принял — стельная она была... глядь! мать твою за ногу, энти наскочили! А уж я в городе сторожу, пронюхал... ихний минносец у пристани вертится! К себе бежать! Сейчас корову за рога — к нему. "Здравствуйте, его превосходительство! наши опять пришли! пожалуйте вам коровку, сберег до светлого дня! Уж за прокорм что положите, а телочек приставился, подох!" Съели мы его, понятно. Сдул с него сена тридцать пудов! Тоже и ему страшно, с первого-то дня: может, наши опять наскочут?! Тогда б я с ним, что мог!.. Как так-что?! Что ж, что слепой? Заговоры какие... А у него капиталы! Отчислил, мол, сто миллионов на угнетение утрудящих, на контриреволюцию! Вы что думаете?! Я так могу на митинге сказать... все трепещут от ужасу! Слеза даже во мне тут закипает!

Он стучит себя веснушчатым жилистым кулачком в грудь и так впивается в мои глаза своими, вострыми, зелеными глазами, дышит такою злостью, что я отодвигаюсь.

— Я, ваша милость, так могу сказать!.. И чахотка может

открыться враз, до крови... Заперхаю, заперхаю... "До чихотки, — говорю, — могут донести нашего брата, как гнетут!" Кого хочу — могу подвести под "мушку". Со мною не годится зубаться, я человек больной... всегда могу расстроиться! Ну, он ни гу-гу! — про корову. Ла-дно. То-лько это ваши задрапали по морю — на-ши родименькие идут. Я, ни слова не говоря, к нему. А он слепой, ничего не знает, стукает про свое! Всхожу на веранду, где у них лесенка, под виноградником... — его делмилосердие не допускает, девица для ухода у него. Говорю: допускайте, я их спаситель жизни! Всхожу. "Опять, говорю, здрасте, его превосходительство! позвольте вас с праздничком проздравить, наши опять пришли!" Выпрямился так... — он, ведь высо-кий! — а ничего не видит. "Что тебе, Федор, надобно?" — "Доверьте мне Голанку, а то могут быть неприятности. Вы меня знаете, какой я человек для вас внимательный, а мне молоко прямо необходимо, как я вовсе в скоротечной чихотке... тридцать пятый год страдаю..." Дал! Очень деликатно, ни сло-ва! Так мне благородное обращение пондравилось, и я им даже от любви сказал: "Вы, — говорю, — его превосходительство, надейтесь на меня теперь. Я, может быть, бо-ольшую силу у них имею, этого никто не может знать!.. ни одного худого слова про вас не будет доказано! Заштрахую вас коровкой. Могу даже сказать, что коммунистов прикрывали! Даже почет вам будет!" Ка-ак он вспрыгнет! "Вон, — кричит, — с-сукин сын!" Затопотал, так и налился, как гусь... руками нащупывает, трясется... Я человек прямой, но ежели со мной зуб за зуб... ладно! Ну скажите!

Он вглядывается в мои глаза, и в его зеленоватом взгляде я чувствую такое, что задыхаюсь, но не могу уйти: я должен все выпить.

— А если я все знаю?! По инструкции я должен объявлять! У коммунистов свой закон... даже на мать обязан донести по партии! А на эту сволочь всю... А я каждый божий день в кофейнях был или по базару... мне все офицерье известно было, кто где проживал! кто что пожертвовал... какие речи говорили... нами только и крепко все. А тут самый буржуй, сто-о со-рок десятин у таком месте!.. Ладно. Сейчас в свой комитет. Самого врага нашел! От чихотки гибнем, а никогда молочка стаканчик! А у самого семь коров! Товарищ Дерябин председатель был, стро-гой, у-у!.. Все отобрать! до нитки!! Только что девяносто лет ему, и кто-то из Москвы бумагу написал, а то бы на расстрел! Ну, правда, ничего за ним не мог заметить, и ску-пой был, ни на что рубля не жертвовал. Все отобрали, всех коров. И машинку взяли. Теперь стучи хоть об стол. А намедни делмилосердие попалась, змеем меня обозвала и... вот, ей-богу, фигу показала! Сво-лочь! Руку нашли в Москве! Будто машинку им вернуть хотят... Вернули, для науки ученые исхлопотали. Ему бы помирать давно, а он...

— Все на машинке стукает?

— Старик на-стойный! Нет, со мной нельзя цапаться! Есть у меня враг один... ну, да Господь поможет. Будто я поросенка ихнего собакой изорвал! А они мою телку отравить грозятся... Я их усте-регу! Вы изволите знать Шишкина? какие это люди? Борис ихний в добровольцах был, приладился... отвертелся ото всего! Теперь... в камни залезает, чегой-то пишет!.. Я с им много разов говорил... У, какой человек хи-трый! И про меня будто сочиняет!.. Не чую?! Да ежели опять ваши верх возьмут... что они с нами исде-лают?! Бежать — не миновать! Я с ими соседи... и ничего, от меня им вреду не будет... но я человек больной, собой не владею, когда у меня, может, полведра чистой крови выхлещет... я каждый час перед Господом могу предстать, как вот травка... Господь видит! Они меня выперли с дяденькина сада, господина Богданова... который министром был! а ихний дяденька сущий враг пролетариата, за границу исчезнул! а старик Шишкин сам на хозяйство стал, лишил меня доходу... Я десять лет в сторожах у господ Коробинцева и Богданова служил, мое право законное, а они с Днепровского уезду набегли, зацапали... хотят корову покупать... На какие капиталы?! — я вас спрошу. Мы темных дел этих не допущаем! У них, может, от англичан огромные деньги для... нападения на пролетарскую власть?! А?! Я старику давал преду... стережение! Не зубайся! Пущай моя корова гуляет в ихнем месте. "Самим... сена ма-ло!" Ла-дно!

Я слушаю, слушаю, слушаю... Он сильно пьян. Веснухи на его костлявом лице темнеют, глазки совсем запали — щелочки в огне.

— Совесть у меня... в груди, а то... про-пали Шишкины! Страшный суд теперь... Господь-Справедливец... нам препоручил...

Он сечет пальцем по рябой ладони и втягивается в мои глаза. Мне душно от гнилого перегара...

Я больше не хожу по дорогам, не разговариваю ни с кем. Жизнь сгорела. Теперь чадит. Смотрю в глаза животных. Но и их немного.

МИНДАЛЬ ПОСПЕЛ

Кастель золотится гуще — серого камня больше. Осень идет бойчей — где выкрасит, где разденет. Курлыкают журавли по зорям, тянутся косяками. Уже свистят по садам синицы.

Зори — свежей. Небо — в новом, осеннем, блеске голубеет ясно. Ночами — черно от звезд и глубокобездонно. Млечный Путь сильней и сильней дымится, течет яснее.

Утрами в небе начинают играть орлята. Звонко кричат над долинами, над Кастелью, над самым морем, вертятся через голову — рады они первому дальнему полету. Парят дозором над ними старые.

И море стало куда темней. Чаще вспыхивают на нем дельфиньи всплески, ворочаются зубчатые черные колеса...

Молодые орлы летают... Значит — подходит осень, грозит Бабуган дождями.

На ранней заре — чуть серо — приходят ко мне человеческие лица — уже отошедшие... Смотрят они в меня... Глядят на меня — в меня, в каменной тишине рассвета, замученные глаза... И угасающие глаза животных, полные своей муки, непонимания и тоски. Зачем они так глядят? о чем просят?.. В тишине рождающегося дня-смерти понятны и повелительны для меня зовы-взгляды. Я сердцем знаю, чего требуют от меня они — уже нездешние... И перед этой глухой зарей, перед этой пустой зарей, я даю себе слово: в душу принять их муку и почтить светлую память бывших.

Опять начинаем... который день? Ступайте, тихие курочки, и ты, усыхающая индюшка, похожая на скелет. Догуливайте последнее!

По краю сада растут старые миндальные деревья. Они раскидисты, как родные ветлы, и уже роняют желтые узенькие листочки. Через поредевшую сетку их хорошо голубеет небо.

Я взбираюсь на дерево, цапающее меня за лохмотья, царапающее сушью, и начинаю обивать палкой. Море — вот-вот упадешь в него. И горы как будто подступили, смотрят — что за чучело там, на дереве, машет палкой?! Чего они не видели! Глядят и глядят, тысячи лет все глядят на человечье кружало. Всего видали...

Миндаль поспел: полопался, приоткрыл зеленовато-замшевые кожурки, словно речные ракушки, и лупится через щелки розовато-рябенькая костяшка. Густым шорохом сыплется — только поведешь палкой. Туп-туп... туп-туп... —

слышу я сухие дробные голоски. Попрыгивают внизу, сбрасывают кожурки. Любо смотреть на веселое прыганье миндаликов по веткам, на пляску там... — первые шаги-голоски ребят старого миндального дерева, пустившихся от него в раздолье. Не скрипи, не горюй, старуха! Коли не срубят — за зимними непогодами снова придет весна, опять розово-белой дымкой окутаешься, как облачком, опять народишь, счастливая, потомство!

Вижу я с миндаля, как у Вербы, на горке, Тамарка жадно вылизывает рассохшуюся кадушку, сухим языком шуршит. А что же не слышно колотушки за пустырем, где старый Кулеш выкраивает из железа печки — менять на пшеницу, на картошку?!

Отстучал положенное Кулеш. Больше стучать не будет.

Голоногая Ляля топочет-гоняется за миндаликами — попрыгали они в виноградник.

— Добрый день и тебе. Ну, как... едите?

— Плохо... Вчера луковичек накопали, крокусов... Вот скоро Алеша поддержит, привезет из степи хлебца, са-альца!..

Я знаю это. Старший нянькин пустился в виноторговлю, контрабандистом. Поехал с Коряковым затем за горы, повез на степу вино — выменивать, у кого осталось, на пшеницу. Лихие контрабандисты... Ловят их и на перевале, и за перевалом — все ловят, у кого силы хватит. Пала и на степь смерть, впереди ничего не видно, — вином хоть отвести душу. Пробираются по ночам, запрятав вино в солому, держат бутылку наготове — заткнуть глотку, на случай. Хлеб насущный! Тысячи глаз голодных, тысячи рук цепких тянутся через горы за пудом хлеба...

— Копали крокусы?.. Бери камушек, разбивай миндальки...

— Спаа-си-бочка-а!.. ба-альшо-е спасибочко!.. Хлеб насущный! И вы, милые крокусы, золотые глазки, — тоже наш хлеб насущный.

— А Кулеш-то по-мер!.. с голоду помер! — почмокивает Ляля.

— Да, Кулеш наш помер. Теперь не мучается. А ты боишься смерти?..

Она поднимает на меня серые живые глазки — но они заняты миндалями.

— Глядите, над вами-то... три миндалика целых!

— Ага... А ты, Ляля, боишься смерти?..

— Нет... Чего бояться... — отвечает она, грызя миндалик. — Мамочка говорит — только не мучиться, а то как сон... со... он-сон! А потом все воскреснут! И все будут в бе... лых рубашечках, как ангелочки, и вот так вот ручки... Под рукой-то, под рукой-то!., раз, два... четыре целых миндалика!

Помер Кулеш, пошел получать белую рубашечку — и так вот ручки. Не мучается теперь.

Последние дни слабей и слабей стучала колотушка по железу. Разбитой походкой подымался Кулеш на горку, на работу. Станет — передохнет. Подбадривала его надежда: подойдут холода, повезут на степь печки, — тогда и хлеб, а может, и сало будет! А пока — стучать надо. За каждую хозяйскую печку получал железа себе на печку, — ну, вот и ешь железо!

Остановится у забора, повздыхает.

Он — широкий, медведь медведем, глаза ушли под овчину-брови. Прежде был рыжий, теперь — сивый. Тяжелые кулаки побиты — свинец-камень. Последние сапоги — разбились, путают по земле. Одежда его... какая теперь одежда! Картуз — блин рыжий, ~ краска, замазка, глинка. Лицо... — сносилось его лицо: синегубый серый пузырь, воск грязный.

— Что, Кулеш... живешь?

— Помираем... — чуть говорит он, усилием собирая неслушающиеся губы. — Испить нет ли...

Его подкрепляет вода и сухая грушка. С дрожью затягивается крученкой — последний табак-отрада, золотистый, биюк-ламбатский! — отходит помаленьку. Много у него на душе, а поделиться-то теперь и не с кем. Со мной поделится:

— Вот те дела какие... нет и нет работы! А бывало, на лошади за Кулешом приезжали, возьмись только! На Токмакова работал, на Голубева-профессора... на части рвали. Там крышу починять-лемонтировать, тому водопровод ставить, а то... по отхожей канализации, по сортирному я делу хорош... для давления воды у меня глаз привышный, рука леккая, главное дело: хлюгеря самые хвасонистые мог резать... петушков, коников... андела с трубой мог! Мои хлюгера не скрыпят, чу... ют ветер... кру... тются, аж... по всему берегу, до Ялтов. Потому — рука у меня леккая, работа моя тонкая. Спросите про Кулеша по всему берегу, всякой с уважением... В Ливадии, кто работал? Кулеш. Миколай Миколаичу, Великому Князю... кто крыл? Самый я, Кулеш... трубы в гармонью! Думбадзя меня вином поил, с ампираторского подвалу! "Не изменяй нам, Кулеш... у тебя рука леккая!" Шинпанского вина подноси-ли! Я на неделе два дня обязательно пьянствую, а мне льгота супротив всех идет, всем я ндравлюсь. Я этого вот... дельфина морского на хлюгер резал, латуни золоченой...

царевны могли глядеть... по... биты, царство небесное, ни за что! Вот уж никогда не забуду... пирожка мне печатного с царского стола... с ладонь вот, с ербами! Такой ерб-орел! Боле рубля; ей-богу... яственный орел-ерб! Орелик наш русский, могущий... И где-то теперь летает! Ливадии управляющий... генерал был, со-лидный из себя... велел подать. "Не изменяй нам, Кулеш... у тебя рука леккая!" А вот... дорезался. У-пор вышел...

Об "упоре" он говорить не любит. А вот прошлое вспомянуть...

— Сотерну я любитель. Два с полтиной в день, а то три... как ценили! На базар, бывало, придешь... Ну, и шо ты мне суешь? Да рази ж то са-ло? Чуток желтит — я и глядеть не стану! Ты мне сливошное давай, розой чтобы пахло... кожица чтобы хрюпала, а не мыло! Тьфу!

Плюет Кулеш, головой мотает.

— Тянет с этого... со жмыху, внутрях жгет. Чистый яд в этих выжмалках виноградных... намедни конторщик помер, кишка зашлась. А-ах, вся сила из мене уходит... голова гудет. Брынза опять была., шесь копеек! Тараньку выберешь... солнышко скрозь видать, чисто как портвейна... балычку не удасть...

Он всплескивает руками, словно хватает моль, и так низко роняет голову, что от плешинки за картузом, от изогнувшейся шеи с острыми позвоночниками, от собравшихся — под ударом — истертых плеч — передается отчаяние и... покорность.

— Голу-бчики мои-и!.. Сласть-то какую проглядели... на что сменяли! Па-дали всякой, соба-чине ради!.. А?! Кто ж это нас подвел — округтил?! Как псу под хвост... По-няли теперь их, да... Жалуйся поди, жаловаться-то кому? Кому жаловались-то... те-то, бывало, жа-ловали... а теперь и пожалеть некому стало! Жалуйся на их, на куманистов! Волку жалуйся... некому теперь больше. Чуть слово какое — по-двал! В морду ливонвером тычет! Нашего же брата давют... Рыбаков намедни зарестовали... сапоги поотымали, как у махоньких. Как на море гнать — выдают... как с морю воротился — скидывай! Смеются! Да крепостное право лучше было! Там хоть царю прошение писали... а тут откуля он призошел? а? Говорить — его не поймешь, какого он происхождения... порядку нашего не принимает, церковь грабит... попа намедни опять в Ялты поволокли... Женчина наша на базаре одно слово про их сказала, подошел мальчишка с ружьем... цоп! — зарестовал. Могут теперь без суда, без креста... Народу что побили!.. Да где ж она, правда-то?! Нашими же шеями выбили...

Он просит еще водицы. Пьет и сосет грушку. — В больницу,

что ли, толкануться... может, предпишут чего в лекарство... В девятом годе, в Ялтах когда лежал... легкое было... враспаление, молочко да яичко, а то ко-клеты строго предписали... а подрядчик Иван Московский бутылку портвейны принес. "Только выправляйся, голубчик Степан Прокофьич... не изменяй, у тебе рука леккая..." Ну, кто мне теперь из их... такого скажет?! Тырк да тырк!.. Власть ва-ша да власть на-ша!.. А и власти-то никакой... одно хулюганство. Тридцать семь лет все работой жил, а тут... за два года все соки вытянули, как черьвя гибну! А-аааа!.. Барашку возьмешь. Ты мне с почкими подавай, в сальце!.. Борщок со шкварочками... баба как красинькими заправить... — рай увидишь! Семья теперь... все девчонки! Не миновать — всем гулять... с камиссарами! Уу-у... сон страшный... Борщика-то бы хоть довелось напоследок вдосталь... а там!..

Не довелось Кулешу борщика поесть.

Вышел Кулеш со двора, шатнулся... Глянул через Сухую балку на горы: ой, не доползти на работу — стучать впустую, — когда еще везти на степу печки! Подумал... — и поплелся в больницу. Пошел вихляться по городку, по стенкам.

Будто все та же была больница — немного разве пооблупилась.

Сказала ему больница:

— Это же не болезнь, когда человек с голоду помирает. Вас таких полон город, а у нас и сурьезным больным пайка не полагается.

Сказал больнице Кулеш:

— Та тэперь вже усенародная больница! Та як же бачили, шо... усе тэперь бу-дэ... бачили, шо...

Посмеялась ему больница:

— Бачили да... пробачили! Полный пролетарский дефицит. Кто желает теперь лечиться, пусть и лекарства себе приносит, и харчи должен припасти, и паек доктору. Не могут голодные доктора лечить! И солому припасти нужно, все тюфяки порастаскали.

Тогда собрался Кулеш с силами, нашел слово:

— У вас... все крыши текут... желоба сорваны на печки... Я с вас... дешево... подкормите только, заслаб... язык хоть поглядите.

Не поглядели ему язык.

Он оглянул больницу, через туман... И — пошел. Через весь городок пошел: на другом конце была диковинная больница. Шел-вихлялся по стенкам, цапался за колючую пропыленную ажину, присаживался на щебень. Пустырем шатнулся — по битому стеклу, по камню...

Стояла на пустыре огромная деревянная конура — ротонда, помост высокий. Совсем недавно рявкала она зычными голосами на митингах, щелкала красным флагом, грозила кровью, — хвалила свои порядки. Вспомнил Кулеш сквозь муть, вспомнил с щемящей жутью... и — плюнул. Потащился по трудной сыпучей гальке... вдоль моря потащился...

Синее, вольное... играло оно солнечными волнами, играло в лицо прохладой.

Кулеш дотащился до синей глади, примочил голову, освежил замирающие глаза — окрепнет, может... Замутилось в голове старой, всему покорной. Стал Кулеш на колени... Моря ли испить вздумал? морю ли поклониться на прощанье?.. Качнулось к нему все море, его качнуло... и повалился он набок. И пошел-пополз боком, как ходят крабы, головастый, сизый... Тянуло его к дому, скорей к дому... А далеко до дома!

Спрашивали его встречные — свои трудовые люди:

— Ты что, Кулеш... ай пьяный?..

Смотрел на встречных Кулеш, мутный, пьяный от своей жизни, от своей красной жизни. Чуть лопотал, губами:

— На ноги... поставьте... иду... до дому...

Его поставили на ноги, и он опять зацарапался — до дому. У пустой пристани взяли его какие-то, доволокли до моста, до речушки...

— Сам... теперь... — выдохнул Кулеш последнее свое слово, признал родную свою, Сухую балку.

Сам теперь!..

Пошел твердо. Доткнулся до долгого забора, привалился. Закинулся головой, протяжно вздохнул... и помер. Тихо помер. Так падает лист отживший.

Хорошо на миндальном дереве. Море — стена стеной, синяя стена — в небо. На славный Стамбул дорога, где грузчики завтракают сардинками, швыряют в море недоеденные куски... Кружится голова от синей стены, бескрайней... Так, находит. Надо держаться крепче.

Виден мне с высокого миндаля беленький городок, рыжие, выжженные холмы, кипарисы, камни... и там, вся из стекла, будто дворец хрустальный, — кладбищенская часовня... И там-то теперь Кулеш. Только-только сидел под этим миндальным деревом, рассказывал про борщок с сальцем — и занесло его в гроб хрустальный! Ну и прозвище у него — Кулеш! Отметила его жизнь-чудачка: Кулеш — умер от голода! Полеживает теперь, уважаемый мастер, в хрустальном чуде. Что за глупое человечество! Понаставило хрустальных дворцов по кладбищам, золотыми крестами увенчало... Или уж хлеба с избытком было? Вот и... проторговалось, и человека похоронить не может!

Пятый день лежит Кулеш в человечьей теплице. Все ждет отправки: не может добиться ямы. Не один лежит, а с Гвоздиковым, портным, приятелем; живого, третьего, поджидают. Оба постаивали — шумели на митингах, требовали себе именья. Под народное право все забрали: забрали и винные подвалы — хоть купайся, забрали сады и табаки, и дачи. Куда девали?! Провалились и горы сала, и овечьи отары, и подвалы, и лошади, и люди... И ямы нету?!

Шипит раздутый Кулеш в теплице: я-а-а... мы-ы-ы...

Говорит Кулешу пьяница, старик сторож:

— Постой-погоди, товарищ... надо дело по правде делать! Закапывать тебя!.. Верно, надо. А то от тебя житья не будет... горой раздуло, шипишь... А ты меня накормил-напоил? Один-разъединый я про всех про вас, сволочей проклятых! Да где ж это видано, чтобы рабочий человек... ни пимши — ни жрамши... у камне могилу рыл?.. По-стой... Нонче право мое такое... усенародное!.. сам ты могилки себе загодя не вырыл... а пайка мне не полагается... по-ди-кась, поговори с товарищами... они, мать их... все начистоту докажут! Ну и... должен я поснять с тебя хочь покров-саван и на базар оттащить... Хлебушка... плохо-плохо, а хвунтика два... должен добыть?.. да винца, для поминка... мотыжка чтоб веселей ходила... А с тебя, черт... и поснять-то нечего, окромя портков рваных!.. Вот ты и потерпи маленько. Вот которого сволокут в параде, тогда... за канпанию и свалю, в комунную...

И лежит раздутый Кулеш в хрустальном дворце — ждет свиты.

Рядышком с ним лежит портной Гвоздиков, по прозванию — Шест-Глиста, укромно скончавшийся за замкнутою дверкой убогого жилища. Рассказывала Рыбачиха:

— Никто и не приметил. Хозяева-татары носом только учуяли... А уж он в отделке! Лежит третий день, весь-то в мухах!.. Зеленые такие... панихидку над ним поют...

Веселая панихида... И портной выкупа не принес. Пришел во дворец хрустальный в драных подштанниках, за которые не дадут на базаре и орешка.

Спи, старый Кулеш... глупый Кулеш, разинутым ртом ловивший неведомое тебе "усенародное право"! Обернули тебя хваткие ловкачи, швырнули... Не будут они под мухами, на солнце!

104

И ты, неведомый никому, Шест-Глиста! И вы, миллионами сгинувшие под землю голодным ртом... — про вас история не напишет. О вас ли пишут историю? Нет истории никакого дела до пустырей, до берегов рек пустынных, до мусорных ям и логовищ, до девчонок русских, меняющих детское тело на картошку! Нет ей никакого дела до пустяков. Великими заняты делами-подвигами, что над этими пустяками мчатся! Напишет она о тех, что по радио говорят с миром, принимают парады на площадях, приглашаются на конгрессы, в пристойных фраках от лондонского портного, не от тебя, Шест-Глиста! — и именем вас, погибших, решают судьбу погибающего потомства. Тысячи перьев скрипят приятное для их уха — продажных и лживых перьев, — глушат косноязычные ваши стоны. Ездят они в бесшумных автомобилях, летают на кораблях воздушных... Тысячи мастеров запечатлевают картины их "отхода" — на экранах, тысячи лживых и рабских перьев задребезжат, воспевая хвалу — Великому! Тысячи венков красных понесут рабы к подножию колесницы. Миллионы рваного люда, согнанного с работ, пропоют о "любви беззаветной к народу", трубы будут играть торжественно, и красные флаги снова застелют глаза вам лестью — вождя своего хороните!

Спи же с миром, глупый, успокоившийся Кулеш! Не одного тебя обманули громкие слова лжи и лести. Миллионы таких обмануты, и миллионы еще обманут...

А ведь ты не дурак, Кулеш! Перед ямой-то и ты понял. Перестали приезжать за тобою на лошади и поить портвейном... но ты все же надеялся хоть на хлеб. Кричали тебе хваткие ловкачи:

— Завалим трудящихся хлебом! Советская власть такие построила лектрические еропланы... каждый по пять тыщ пудов может! Весь Крым завалим!..

Закрыли тебе глаза — на кровь, крепко забили уши. И орал ты весело, как мальчишка:

— Ай да наши! родная власть!..

Недели прошли и месяцы... Не прилетали аэропланы. Гнали твоих девчонок комиссары — нет хлеба! На матерей орали:

— Ну, и что же?! Ребята ваши! ну, и швыряйте в море!..

Спрашивал я тебя:

— А что же, Кулеш, ваши... аэропланы?

Ощеривал ты голодные зубы, синеющие десны, в ниточку узил мертвеющие губы и находил верное теперь, свое слово:

— Опасаются опущаться... Го-ры... а то — море... Крушения опасаются!

И жутко было твое лицо.
Нет, ты не дурак, Кулеш... Ты — простак.

"ЖИЛ-БЫЛ У БАБУШКИ СЕРЕНЬКИЙ КОЗЛИК"

Внизу обобрано — надо забираться выше.

С высоты миндаля мне видно, как через вытоптанный коровами виноградник идет от дачи — Тихая Пристань — близорукая учительница Прибытко, с пустым мешком за плечами, пощелкивает дощечками на ногах. Идет на промысел. Она — человек стойкий. У ней двое ребятишек-голоножек — Вадик и Кольдик. Ее мужа убили в Ялте, но она не знает: не уехал ли на корабле в Европу? Пусть не знает. При ней и неутомимая мать-старушка, сухенькая, подвижная Марина Семеновна, — с зари до зари воюет на земле с солнцем: отбивает у солнца огородик.

Я хочу отойти от кружащей меня тоски пустыни. Я хочу перенестись в прошлое, когда люди ладили с солнцем, творили сады в пустыне...

Тихая Пристань...

Пустырь был на этом месте — колючка, камень. Приехал старик чудак, отставной исправник, любитель роз и покоя, сказал — да будет! — и выбил-таки из камня чудесное "розовое царство". Да, исправник. Они тоже — немножко люди. Все, что у него было в кармане и в голове, отдал земле сухой, и вот, к концу его жизни, она подарила ему свою улыбку — Тихую Пристань. С зари до зари возился старик с лопатами и мотыгами, с гравием и бетоном, с водой и солнцем; сажал, прививал и строил, кричал с рабочими, которые воровали у него гвозди и даже камень, тысячу раз грозился все бросить и не бросал, исполосовал сердце, но... дождался: сел на веранде, закурил крученку, полюбовался — все хорошо зело! И помер. И хорошо сделал, вовремя: выволочили бы его, старика, из розового сада — а собака-исправник! — и прикончили бы в подвале или овраге.

Погибает "розовое царство". Задичали, заглохли, посохли розы. Полезли из-под корней дикие побеги. Треснуло и осело днище громадного водоема. Посохли сливы, и вишни, и грецкие орехи, и "кальвили"; заржавели-задичали забытые персидские деревья. Треснули трубы водоводов, заросли хрусткие дорожки, полез бурьян в виноградник, сели репейники и крапивы в клумбы — задушили нежную землянику. Плющи завили деревья. Выползла из дубовых тысячелетних пней кудрявящаяся поросль, держи-дерево

107

дружно с грабом давит и напирает, высасывает соки; гнездится садовая нечисть, плетет коконы; опутывает и точит — сверлит. Голубой цикорий и морковник заполонил луговинки, перекати-поле забрало скаты, и ленивые желтобрюхи нежатся на ступенях каменных лесенок. Серые жабы ржаво кряхтят ночами в зеленой тине былого водоема. Дичает Тихая Пристань, год за годом уходит в камень. Уйди человек — опять пустыня.

Сухенькая старушка тщетно пытается задержать пустыню: лишь бы уберечь виноградник, огородик... Мотыгой и цапкой борется она с солнцем и с бурьяном. Воюет с коровами, прорывающими и рогами, и боками загородку — доглодать неоглоданное солнцем. Висят еще кое-где грушки — "мари-луиз", "фердинанд" и "бэра", а пониже бассейна, по низинке, еще можно схватить травы. Но это — самое дорогое место — "козье".

У Прибытков — слава на всю округу, — чудеснейшая коза, вымененная на одеяло и вышитую рубаху у чабана под Чатырдагом. Взращенная подвигом и молитвой. Ну и коза! Четыре бутылки дает несравненная Прелесть! Вадик и Кольдик круглый день рыщут по саду, по балочкам, носят своей козе травку и прутики, всякую кожуру, бобик...

— Козочка наша! Пле-лесть!

Стоит коза на колу, под грушей, блаженствует, узкие глазки щурит. Дремлет-млеет, пожевывает, молоко набирает, бурое вымя наливает, до копытцев опускает. Не коза — Прелесть.

Когда, перед вечером, я отыскиваю запропавшую индюшку, меня тянет зайти на Тихую Пристань — навестить Прибытков. Господи, козу доят! И я взираю из отдаления. Стоит коза — не шелохнется; понимает, что великое совершается: жует-пожевывает, глазки в блаженстве жмурит. Доит Марина Семеновна, нежно, будто поглаживает, а коза сама помогает — ноги расставила, ход молоку дает: все берите! А Вадик и Кольдик подсовывают козе грушки:

— Плелесть! Плелесть!

Приятно слушать, как позванивает белая струйка в хрустальный кувшин граненый; приятно смотреть, как растекается молоко по прозрачной стенке, как нахрустывает коза грушки. Таинство совершается... Меркнет вечерний свет, фиолетовая коза стоит, глядит розоватыми глазками, и молоко розовеет в огнистых гранях, радужной пеной пенится. А Вадик и Кольдик кулачки к горлышку подобрали, ждут-смотрят.

Глотают слюни, и слышится, как бурчит у кого-то — у козы ли, или у голоногих.

А неподалечку стоит на колу "капитал" — спасение и надежда. Это выкормок Прелести, козел-великан, стриженый, сизый, крутобокий, — Сударь и Бубик вместе.

Все по округе знают, как выхаживали козла, как его холостили, и сколько теперь в нем сала, и когда будут козла резать. Вот это — счастье! Знают, и все завидуют. Когда в школьном союзе муку делили, до золотника вешали, — недодали учительнице Прибытке.

— Ну, что там спорить! У вас же козел имеется, такое счастье!

Так семнадцать золотников и сгибли.

Когда я встречаю Марину Семеновну в Глубокой балке — за "кутюками", мы всегда говорим про Бубика:

— А как ваш Бубик?

— Только не сглазить бы... прямо, мешок с салом! И то возьмите: ведь от себя отрываем... Каждый день ему хоть кусочек лепешечки принесешь. Какие уж нонче желуди, ползаешь-ползаешь по балкам — хоть четверточку наберу. Как в банк носим. А вот похолодней будет, — сало-то в нем перекипать станет, очищаться... закрупчает. Сало, я вам скажу, козлиное... и свиному не уступит, чистый смалец!

Сосед Верба, сумрачный винодел-хохол, нарочно зашел к Прибыткам. С год не захаживал — все серчал, что перебили у него аренду Пристани. Не утерпел — пришел:

— До козла вашего прийшов, Марина Семеновна... що це за дыво?!

Покрестила в уме Марина Семеновна козла, отплюнулась влево неприметно: сглазит еще Верба — темный глаз.

— Ну что ж, поглядите, сосед... с доброго глазу. Растет божья тварь. Козлик, грешить не буду... радостный растет козлик, в мяске да в сальце...

Смотрел Верба на козла пристально, вдумчиво. И так, и этак смотрел. И так руки складывал, и так. И голову по-всякому выворачивал — в душу вбирал козла.

И Марина Семеновна смотрела и на козла своего, и на Вербу, и его, и козла своего вбирала в душу, переполнялась. Ждала — готовилась.

— Ну вот шшо я вам, соседка, обязан сказать... — выговаривал-таки Верба вдумчиво, подергав повислый ус. Сердце даже зашлось у Марины Семеновны, — сама после до точки рассказывала в Глубокой балке. — Это я так вам обязан сказать, Марина Семеновна... по-доброму, по-сосидски если... що не бачу як... мов, це даже и не козел...

— Как — не козел?! — взметнулась Марина Семеновна. — Да який же, по-вашему, козел бувает?!

— Верьте моему слову, Марина Семеновна... не козел, а... Государственный банк!

Так и потекло сердце у Марины Семеновны — растеклось в торжество и гордость: великая была она хозяйка!

— И вот опять шо я вам кажу, соседка... С таким козлом зиму вы вот как переживете! Пудика на полтора — на два...

— Не скажите... на два с гаком! Смальца с него сойдет...

— ...Двенадцать фунтов.

— Ну, не скажите! У меня глаз наметанный... Да чтоб у меня никогда ни единой козочки не водилось... — до полпуда выйдет!

— Ни-ни-ни... Марина Семеновна... никак не думаю. А впрочем... к пятнадцати, може, капнет...

— Вы его за ножку потяните, сосед... под пузико...

— Да Боже ж мой, да я ж и так вижу... по його хвисту! Прямо — рента...

Оглядел еще и еще, потянул за бородку и пошел вдумчиво.

Оба — хозяева искони. Оба пропели славу творящей жизни. Кому понятно молитвенное служение на полях, в садах и хлевах — песнь славословия рождающемуся ягненку, в колос выбивающимся хлебам? Понятна она душе парящей, сердцу, живущему в ласке с землей и солнцем; понятна уху хозяина, которое слушать умеет прозябание почек в весеннем ветре, в благодатных дождях, под радугой. Дики и непонятны эти земные песни душе пустой и сухой, как выветрившийся камень. Жадная до сокровищ скопленных, она назовет молитвенные мечты хозяина пошлым словом — выдуманным безглазыми — мещанство! В хлеве и поле тучном она увидит только одно — корысть.

Отец дьякон, хозяин тоже, нарочно поднимался из городка — лицезреть мифического козла. Сказал:

— На четырех ножках — беспроигрышная лотерея! Вас, Марина Семеновна, во главу угла всякого хозяйства поставить можно. За такого, с позволения сказать; козлофона, медали давали в прежние времена! Этот ваш козел — из иностранцев... швейцарской породы, не иначе. Либо от Фальц-Фейна, либо от Филибера. Я их очень породу знаю. Это... филиберовского заводу козел!

В великую славу вошел козел Марины Семеновны. В такую

славу, что другой раз поднялся отец дьякон до Тихой Пристани — сказать одно слово по секрету:

— По долгу совести, Марина Семеновна, ради ваших сирот, счел полезным предупредить: ночами думаю о козле вашем! И тревогу борю в себе, — держите козла крепко! Про вашего козла разговору много по городу. У нас Безрукий всех кошек переловил... у отца Василия собачку недавно переняли... шоколадненькая-то была, под фокса! А тут такой роскошный козел, а вы на юру обитаете... Храните как зеницу ока!

— Отведи, Господи! — закрестилась Марина Семеновна, козла покрестила. — Глазу не спускаю. Уж вон у Коряка корову зарезали в нижней балке, к Гаршину дорывались... у Букетовых корову свели... у...

— Про что же я-то вам говорю! Две-над-цатую корову режут... Марина Семеновна! две-надцатую! И сам нехорошие все сны вижу. Вся теперь опора наша... на Господа Бога да, по-земному сказать, на коровку! Электрическую бы тревогу провести в хлевушок, чтобы как коснулся — скрючило бы врага! Немцы так проволоку электрическую по границам своим вели... да электрической силы у меня нету!..

— Ох, смотрите, отец дьякон... — предостерегла и в свою очередь Марина Семеновна, расстроенная и уже сердитая на дьякона: — И у вас свести могут!

— И у меня могут, и у вас — козла! Козла легче свести, Марина Семеновна, поверьте моей опытности. Козел — что! Он немое существо и глупое! Коровка... другое дело! она рогом может... затрубит на врага ночного, а козел... он только копытцем простукает тревогу. Нет, Марина Семеновна, опасность чреватая у вас.

Чуть было не поссорились от тревоги. И повесила с того дня Марина Семеновна на хлевушок замок тройной, с музыкой печальной, как у чугунных шкафов. И рогульки ставила перед дверкой, как засеку, и жестянки на них навешивала: темная ночь если, напорется враг на звон, на колючки — тревога будет.

Учительница останавливается за плетнем и начинает жаловаться: богатый татарин недоплатил полпуда грецких орехов еще с зимы, хоть бы ячменем отдал за уроки!

— Люди теряют честность! Это был самый правоверный татарин. А вчера резал барашка и не дал даже головку...

Потом сообщает об ужасном человеке:

— Дядя Андрей... это ужасный! Выпустил поросенка в сад, и вся наша картошка взрыта. Содрал парусину со всех лонгшезов и все бутылки продал...

Она засыпает кучей тревожного и больного. Слава Богу, что

111

можно собирать падалку по садам. Каждый день она таскает на горку в мешке, — едят сами и кормят козочек. Учителя копают по садам чашки и получают вином, бутылку за день. Что же будет зимой?..

Я слушаю, сидя на миндале, смотрю, как резвятся орлята над Кастелыо. Вдруг набегает мысль: что мы делаем? почему я в лохмотьях, залез на дерево? учительница гимназии — босая, с мешком, оборванка в пенсне, ползает по садам за падалкой... Кто смеется над нашей жизнью? Почему у ней такие запуганные глаза? И у Дрозда такие...

— Слышали?.. Вчера сторож выволок из часовни Михайлу, который уморил себя угаром... отлучился куда-то, а покойник пропал. Приходит жена — пропал, собаки растаскали... Встретила вчера на базаре Ивана Михайлыча... бредет в своей соломенной широкополке, с корзиночкой, грязный, глаза гноятся... трясется весь. Гляжу — лари обходит и молча кланяется. Один положил раздавленный помидор, другой — горсточку соленой камсы. Увидал меня и говорит: "Вот, голубушка... Христовым именем побираюсь! Не стыдно мне это, старику, а хорошо... Господь сподобил принять подвиг: в людях Христа бужу!.." Еще силу находит, философствует... А когда-то Академия наук премию ему дала и золотую медаль за книгу о Ломоносове!..

Кружится голова... Я сползаю с миндального дерева. Синяя стена валится на меня, море валится на меня...

Открываю глаза — синие круги ходят, зеленые... Ушла учительница. Горка миндаля рядом. И Ляля убежала... Я собираю в мешочек. Горы — в дымке... Смотрю на них...

...Поездки верхом, привалы... В придорожных кофейнях обжаривают кофе на гремучих жаровнях, тянет шашлычным духом, шипят чебуреки в бараньем сале. Под шелковицей спят синими курдюками вверх шоссейные турки, раскинув медные кулаки. Ослик дремлет, лягает по брюху мух. Жужжит и звенит жара... Бурлыкает вода в камне, собака догладывает лениво жирный маслак бараний, осыпаемый мухами... Автомобиль рокочет, глотает жару и пыль...

Открываю глаза. Они еще не в мешочке, миндальные орешки, собирать их надо...

...Тешут на земле камни греки и итальянцы, постукивают молоточки — бьют в голову. Татары, поджарые, на поджарых конях, лихо закидываются за поворот, блестя зубами, тянут катык из кринки, придерживая задравшегося, пляшущего коня... "Айда! Алекюм селям!"... Синие вуалетки вьются из фаэтонов, летит бутылка на камни, брызжет... Скрипит по жаре можара, волы бодают рогами дорожный камень... Цоб, шайтап! Табаки висят бурыми занавесками на жердях... Сады полны, изнемогают... Шумят пестрые виноградники, ползают татарчата, срезают грозди, а голенастые парни шагают с высокими деревянными бадьями у затылка, несут в давильню... Вино, вино... течет красное вино, залило руки, чаны, пороги, хлещет... Тянет бродильным духом... И виноделы, одуревшие от паров, в синих передниках, помахивают ковшами... Пора, пора на коней сажаться, жара свалила...

Пора... В руке у меня миндалик, давняя радость детская... Теперь я знаю, как он растет... Нет никого, и Ляля убежала. Только земля горячая и сухая да цикады трещат-трещат...

КОНЕЦ ПАВЛИНА

Уж и октябрь кончается — поблестело снегом на Куш-Кае. Потаяло. Зорями холодеет крепко. Рыжие горы день ото дня чернеют — там листопад в разгаре. А здесь еще золотится груша — пылают сады в закатах. Осыплются с первым ветром. Кузнечики пропадают, и моим курочкам — тройке — не разжиться на гулеве. Будем кормиться виноградными косточками, жмыхом! Его едят люди и умирают. Продают на базаре, как хлеб когда-то. За ним надо идти далеко, выпрашивать. Он горкий, кислый, и тронут грибком бродильным. Можно молоть его, можно жарить...

Когда солнце встает из моря — теперь оно забирает все правее и ходит ниже, — я смотрю в пустую Виноградную балку. Все отдала свое. Набило в нее ветрами вороха перекати-поля. Смотрю за балку: на балконе павлин уже не встречает солнце. И меня не встретит вольным дикарским криком, не размахнется... Выбрал другое место? Нет, его крика никто не слышит. Пропал Павка. Все-таки оставалось что-то от прежней жизни: грустно поглядывала она глазком павлиньим... Уже четвертый день нет Павки!.. Уходит в прошлое и калека-дачка учительницы екатеринославской — последнюю раму кто-то вырвал...

Я вспоминаю с укором тот тихий вечер, когда заголодавший Павка доверчиво пришел к пустой чашке, стукнул носом... Стучал долго. С голоду ручнеют... Теперь это всякий знает. И затихают. Так и Павка: он подошел ко мне близко-близко и посмотрел пытливо:

— Не дашь?..

Бедный Павка... Табак! чудесный табак ламбатский! Или — не табак это, а... Я ни о чем не думал. Я хищно схватил его, вдруг отыскал в себе дремавшую, от далеких предков, сноровку — ловца-зверя. Он отчаянно крикнул трубой, страхом, а я навалился на него всем телом и вдруг почувствовал ужас от этой красивой птицы, от глазастых перьев, от ее танца, раздражающего перед смертью, от пустынных, зловещих криков... Я вдруг почувствовал, что в нем роковое что-то, связанное со мной... Я давил его шелковое синее, скользкое горло, вертлявое, змеиное горло. Он боролся, драл мою грудь когтями, бил крыльями. Он был силен еще, голодный... Потом он завел глаза, затянул беловатой пленкой... Тут я его оставил. Он лежал на боку, чуть дышал и трепетал шеей. Я стоял над ним в ужасе... я дрожал... Так, должно быть, дрожат убийцы.

114

Слава Богу, я нс убил сго. Я гладил сго по плюшсвой головке, по коронованной головке, по атласной шейке. Я поливал на него водой, слушал сердце... Он приоткрыл глазок и посмотрел на меня... и дернулся... Ты прав, Павка... надо меня бояться. Но он был слаб и не имел сил подняться.

Мне теперь будет больно смотреть на него и стыдно. Пусть унесут его.

Его понесла славная девочка... Теперь ее нет на свете. Скольких славных теперь нет на свете! Она сказала:

— Я знаю, на базаре... татарин один богатый... Он, может быть, возьмет детям.

Я видел, как понесла его, как мотался его хвост повисший. Вот и конец павлина!

Нет, не конец еще. Он пришел, воротился, чтобы напоминать мне прошлое — и доброе, и худое. Он еще покричал мне от пустыря.

С неделю прожил он где-то на базаре, при кофейне, — все поджидал, не возьмет ли его богач-татарин. Его не взяли. Поиграли с ним татарские дети. И он вернулся на свой пустырь, к своей вилле... Как всегда, он встретил меня на заре пустынным, как будто победным криком. А хвост?! Где же твой хвост — веер, радужный хвост, с глазками?

— ...Эоу-аааа!..

Жалуется? тоскует?.. Отняли хвост татарские дети, вырвали. Мне стыдно смотреть туда, больно смотреть... Не надо ни табаку, ни... ничего не надо. Усмешка злая.

Ходил он по своему пустырю, ограбленный и забитый. И уже не поднимался ко мне через балку, не приходил и к воротам: помнил. Он кормился своим трудом, где-то, чем-то. Теперь уже совсем — ничей. Затерялся в днях черных, — кому теперь до павлина дело!

Шумит горка: обворовали Тихую Пристань! Бежит в городок Марина Семеновна, остановилась:

— Что только делается... как оголились люди! Да благородные! докторова дочка, учительница... на зорьке заявилась с каким-то да из флигеля-то хозяйского исправничью мебель поволокла! Слышу — шумят по саду, чуть свет! а это они кровать волокут! столики... Унесли! Заявлять бегу... я хранительница-то всего именья!.. Из благородного роду, и... Это, говорит, теперь все — общее! Все равно раскрадут... Все ворочу, до гвоздика!

Пришел какой-то на петушиных ногах, в обмотках, с винтовкой, тощий. Шел мимо сада, попросил напиться.

— Крадут и крадут — все. А я один на весь городишко...

115

хожу чуть жив. Это нарошно, чтобы зарестовали! Зна-ю ихнюю моду. Только прошибутся! Не зарестоваем воров, кормить нечем. Это тебе не при Микалае! При царе-то бы у нас весь город теперь сидел! Как при царе-то баловали! Борщу давали да хлеба по два фунта! Намедни вот взяли короворе́за... Пять ден просидел — не признается, а пайка ему не полагается. Слабнуть стал. Уж мы ему и ванную делали, и мусаж — не признается!

— Для чего же ванну делали?

— Махонький, что ли... не понимаете? Ну, понятно... подбодряли, чтобы только знаку не было... ну, растяжку ему делали, руки так... — показывает человек с винтовкой руками. — У нас строго, при народной власти, не забалуешь... Не признается и — на! Доктора призвали, товарищ начальник говорит: помрет человек! А тот ему: да, от голоду помрет, кормите. А товарищ начальник говорит ему, дуроломому: "Вам же говорят — пайков не полагается!" И придумал: в больницу пишите лицепт! А оттуда его назад: голодной болезни не признаем! Камедь, ей-богу! На поруки и выпустили. А он взял да и помер! Вот его теперь и суди! А я что? я человек подначальный, как укажут. Черт их... глаза бы не глядели!..

Глаза бы не глядели...

Бежит сынишка Вербы с горки, кричит-машет:

— Павка-то ваш!.. на память!..

Павлин... А где же павлин?.. Что-то не слышно было последние дни его тоскливых криков, не видно было его одинокого мотанья на пустыре. Что такое — на память?

Я вижу сломанное перо с глазком, новенькое перо, осеннее, явившееся на смену. Он еще хотел жить, бедняга, своими силами хотел жить — ничей. Я вижу в руке мальчишки и серебристое — из крыла, и розовато-палевое, чудесней!

— На винограднике подобрал, под горкой. Должно быть, доктор с тычка подшиб палкой, а перья на виноградник выкинул... собаки, мол, разорвали!

Последний привет — глазок. Павка со мной простился — прислал на память. Он же был такой добрый, он так доверчиво говорил — не дашь? И отходил покорно. Мы первые с ним начинали утра... Он никогда не ушел бы — я первый его покинул. И он, одинокий, гордый, отъединился на пустыре — ничей. Теперь не будет и пустыря — ушел хозяин.

— Все к даче доктора, на тычок, ходил Павка, а у них ни крошки. Вчера у нас занимать приходили. И что-то жареным пахло, будто индюшкой. А чего им жарить?..

116

Доктор съел моего павлина?! Чушь какал... Не дядя ли Андрей? Он ведь недавно спрашивал...

— А у нас другой гусь пропал! Это Андрей проклятый, некому больше... Наш гусь все в их сад забирался, где у бассейна лягушки квакчут. Убью! вот подстерегу к ночи да из двустволки в зад, утятником! Меня не засудят, я мальчишка... Скажу, с курка сорвалось!

Я беру остатки моего — не моего — павлина и с тихим чувством, как нежный цветок, кладу на веранде — к усыхающему "кальвилю". Последнее из отшедших. Пустоты все больше. Дотепливается последнее. А-а, пустяки какие!..

КРУГ АДСКИЙ

Тянется из неведомого клубка нить жизни — теплится, догорает. Не таится ли в том клубке надежда? Сны мои — те же сны, нездешние. Не сны ли — моя надежда, намечающаяся нить новой, нездешней жизни?.. Туда не через Ад ли ведет дорога?.. Его не выдумали: есть Ад! Вот он и обманчивый круг его... — море, горы... — экран чудесный. Ходят по кругу дни — бесцельной, бессменной сменой. Путаются в днях люди, мечутся, ищут... выхода себе ищут. И я ищу. Кружусь по садику, по колючкам, ищу, ищу... Черное, неизбывное — со мной ходит. Не отойдет до смерти. Пусть и по смерти ходит.

Темнеет в моем саду. Молодой месяц уходит за горб горы. Почернела Кастель, идет с Бабугана ночь. Под ним огневая точка — сухая трава горит, — под будущую пшеницу?.. Не будут сеять пшеницу — последнее. Будут сеять другие, кто выживет и дождется тучной земли, тленьем набравшей силы. Не костер ли горит под Бабуганом? Не страшно ему гореть! Каждую ночь погибают под ножом, под пулей. По всей округе, по всем дорогам. А круг все узится. Везде доживают люди по пустынным дачкам, по шоссейным будкам, по хуторкам. Застрявшие дорожные сторожа и сторожихи, былые прачки, беспомощные старухи, матери с мелюзгой сыпучей. Некуда никому уйти. Пойти за горы? дотащиться до перевала и умереть неслышно? Это они могут сделать дома. А в шоссейной будке чего бояться? Изнасилуют девочку? Изнасилуют... а может и швырнут хлеба!.. Не убежишь из круга. Камню молиться, чтобы разверзлись горы и поглотили? пожгло солнцем?..

Уйти? Бросить осиротевший домик и балочку, где орех-красавец? Последнее поминание... Размечут, порубят, повырывают — сотрут следы. Я не уйду из круга.

Табак весь вышел. Курю цикорий. Кто-то еще покупает книги, но у меня и книг нет, зачем книги?! А кто-то покупает... кто-то говорил недавно про... что? Да, Большая энциклопедия!.. Когда-то и я мечтал купить Большую энциклопедию! Продавали ее "в роскошном переплете"... Купил кто-то по полфунта хлеба... за том! Кто-то еще читает Большую энциклопедию... Да, когда-то писали книги... стояли книги в роскошных переплетах, за стеклами... Теперь я вспомнил... у Юрчихи тоже стояли, "в роскошных переплетах". Она и продала за полфунта хлеба. Зачем ей книги, хоть и

Большая энциклопедия! У ней внучек лет двух... зачем малышу Большая энциклопедия? Разве он вырастет? без матери, без отца... Старуха голову потеряла... Живет у самого моря, в глухом саду. Сына у ней убили, невестка умерла от холеры. Живет старуха в щели, с внучком. Там пустынно, и море шумит. Слушает она день и ночь свое море. И муж и сын — моряками были, на своем море. Пришли и — убили сына. Не будь лейтенантом. "Пожалуйте, лейтенант, за горы, от моря, — маленькие формальности соблюсти!" Не уехал лейтенант за море, остался у своего моря. Не оставили его у моря. Шумит оно у пустого сада и день и ночь, не дает спать старухе. Сидит старуха, нахохлилась в темноте, — слушает, как шумит море, как дышит мальчик. А жить надо: оставили ей залог — мальчик! У своего моря — мальчик... И продала старуха лейтенантову шубу, запрятанную в камни. Кому-то еще нужна шуба. Хорошая, с воротником шуба... Не старухе же надевать ее! А внучек когда еще вырастет с отца, дорастет ли до шубы! Да еще и убить могут... Придут и спросят:

— А это у тебя чей мальчик?

Скажет им старуха:

— А это вот этого... того... сына моего, вот которого вы убили... моряка-лейтенанта Российского флота! который родину защищал!

— А-а... — скажут, — лейтенанта?! Так ему... и надо! всех изводим... Давай и мальчишку...

Могут. Убили в Ялте древнюю старуху? Убили. Идти не могла — прикладами толкали — пойдешь! Руки дрожали, а толкали: приказано! От самого Бэла-Куна свобода убивать вышла! Идти не можешь?! На дроги положили, днем, на глазах, повезли к оврагу. И

глубокого старика убили, но тот шел гордо. А за что старуху? А портрет покойного мужа на столике держала — генерала, что русскую крепость защищал от немцев. За то самое и убили. За что!.. Знают они, за что убивать надо. Так и Юрчихина внучка могут. Вот и не нужна шуба. Правильно.

А говорят ли они по радио — всем — всем — всем:

"Убиваем старух, стариков, детей — всех — всех — всех! бросаем в шахты, в овраги, топим! Планомерно-победоносно! заматываем насмерть!"?!..

Вчера умер в Профессорском Уголке старичок Голубинин... Бывало, в синих очках ходил — ерзал, брюки старенькие, последние, дрожащей щеточкой чистил на порожке... Три месяца выдержали в подвале... за что?! А зачем на море после "октября" приехал? Бежать вздумал?! Отмолили старика — выпустили: на ладан дышит! Привезли вчера к вечеру, а в одиннадцать — сподобил Господь — помер в своей квартирке, чайку попил. Хоть чайку удалось попить!

А старуха Юрчиха добрая, как ребенок. Выменяла шубу на хлеб — на молоко — на крупу, гостей созвала на пир: помяните новопреставленного! Все приползли на пир: хлебца попробовать, в молочко помакать... — нет шубы! Ходит по саду с внучком, на свое море смотрит... Придумывает — чем бы еще попотчевать? Стулья да шкаф зеркальный... Набежит покупатель какой с базара — отвалит хлеба и молока кувшин: опять приятно на людях есть. А если зима придет?.. А можно и без зимы... можно устроить так, что и не придет зима больше...

Ходит старуха по садику, внучка за ручку держит. На свое море смотрят. Рассказывает про дедушку, как он по морю плавал, — вон и портрет его на стене, в красной раме... Висел и — уполз со стенки. Пришли — спросили: "

— Это у тебя кто, старуха? почему канты на рукаве?

— А муж покойный... капитан, моряк...

Хотели взять капитана. Выплакала старуха: не военный капитан, а торговый, дальнего плаванья. Слово только, что — капитан!

И запрятала старуха своего капитана в потайное место. Кружит по саду, кружит... нет выхода.

Кружу по саду и я. Куда уйдешь?.. Везде все то же!.. Напрягаю воображение, окидываю всю Россию... О ка-кая бескрайняя! С морей до морей... все та же! все ту же... точат! Ей-то куда уйти?! Хлещет повсюду кровь... бурьяны заполонили пашню...

В сумерках я вижу под кипарисом... белеет что-то! Откуда это?! Мятые папироски... Табак?! Да, настоящий табак?! Добрая душа прислала... папироски... Это, конечно, Марина Семеновна, кто же больше?.. Она, конечно. Вчера она спросила меня — разве я курить бросил? Принес папиросы Вадик, не смог отворить калитку, не докричался... — и бросил через шиповник, милый... Вот, спасибо. Табак чудесно туманит голову...

НА ТИХОЙ ПРИСТАНИ

В густеющих сумерках я иду на Тихую Пристань. Она успокаивает меня. Там — дети. Там — хоть призрачное — хозяйство. Там — слабенькая старушка еще пытается что-то делать, не опускает руки. Ведет последнюю скрипку разваливающегося оркестра. У ней — порядок. Все часы дня — ручные, и солнце у ней — часы.

Козу уже подоили. Старушка загоняет уток — четыре штуки. Сидит под грушей дядя Андрей, темный хохол, курит и сплевывает в колени. В новом своем костюме — из парусины исправника, в мягкой, его же, шляпе.

— И вам не стыдно, дядя Андрей, — слышу, отчитывает его Марина Семеновна. — А по-нашему, это воровством называется!..

— Ско-рые вы на слово, Марина Семеновна... — отвечает дядя Андрей — заносится. — А чего робить, по-вашему? Я ж голодранец, оборвався, як... пес! А кому тэпэрь на стульчиках лежать-кохаться? Нема ваших панов-паничей, четыре срока на чердачке пустовать... Ну, товарищи заберуть... легше вам с того будэ? И потом... вже усе народнее, как сказать...

— Как вы испоганились, дядя Андрей! Вы ж были честный человек, работали на виноградниках, завели корову...

— Ну, шшо вы мне голову морочите? Ну, какая тэпэрь работа? И сезон кончился... Пойду по весне на степь!

— Ничего не найдете на степу! Ни-чего! Экономии пустуют, мужики на себя сами управятся...

— Верно говорите. Ну, и... так и сгадываю... чого мэнэ робить? ну, чого? лысаго биса тешить?.. Нет у вас сердца настоящего!

Молчание. Утки вперевалочку подвигаются на ночлег.

— Яких утенков навоспитали... с листу будто! Уж вы не иначе слово какое умеете... волшебное...

— Слово, голубчик... — сердится Марина Семеновна — За-бо-та! вот мое какое слово! Я чужое не обдираю, винцо не сосу...

— О-пять — двадцать пять... Я с вами душевный разговор имею, а вы... свербите! Вино я на свои пью... я поросенка выменял, кровного... А что такое парусина? Полковник помер... Не помри он — здесь ему часу не жить! враз конец, как он был исправник. Нам ученые люди говорили... по-лиция там, попы... купцы, офицеря... — всех чтобы, до корня! Самые умные социалисты... Из вас потом всего понаделаем по своему хвасо-

121

ну! До слез кричали! У Севастополи... Помогайте нам — все ваше будэ... Ну? и чья тэпэрь, выходит, парусина? Вы — богачка против меня... а все парусиной тычете!

— Это я-то, богачка? Да вы лучше спать ступайте...

— Это уж я сам знаю, чего... спать ли...

— Вы не выражайтесь похабным словом!

— От-то-то-то!.. Вы... буржуйка против меня! Голому мне ходить? при вас да без портков? А мне стыдно!..

— Ох, дядя Андрей! Попомните вы мое слово... подохнете! будут вас черви есть!

— Червя... она усякого будэ исты... по писанию Закона! И вас будэ исты, и грахва усякого, и... псяку. А поросенка я выменял, себя обеспечил... не будет вам неприятности через его. А выпил я по семейной неприятности, сказать... Я ей голову отмотаю, Лизавете, за мою корову! Хочь ее девчонка, падчеря моя... с матросом спуталась... мне теперь на... плевать! Моя корова!

Жабы в худом водоеме начинают кряхтеть — кто громче. Кряхтит и дядя Андрей. Когда он пьян, начинает в нем закипать смутная на что-то досада-злость.

— Вам, дядя Андрей, время на другой бок валиться. На котором вчера лежали?

— А что вы об себе так понимаете? Бок-бок... Хочу — на брюхо, хочу — на ... ляжу! Не закажете!

— Не смейте мне худых слов говорить!

— И вы мне голову не морочьте, что могете сады садить! Не могете вы сады садить. А я по документу могу... от управления... Государственные имущества! И печати наложены! Я на Альме у генерала Синявина садил, а он, задави его болячка... не мог! Он по-ученому, а я из прахтики!

— Знаю я Синявина, очень хорошо знаю... и не врите!..

— Вы все-о знаете... А вот вы чого не знаете! Как матросики в восемнадцатом году налетели... Первый допрос: "У вас сады огромадные? кровь народную пьете... исплотация? Нам все известно по телеграхву!" Зараз повели в сады! А у него строго было, порядку требовал... не дай Боже! Встревают меня немедленно: что вы за человек? Ну, наймыт... ну? Строгой? Барин строгой, говорю. Порядок требуют. Ладно, будет ему порядок! А был дотошный... На усяком езенпляре обязательно чтобы ярлык, и про насекомое знали. Заплакал, как его в сады привели. Погибнут мои сады! Дозвольте мне, говорит, с любимой грушкой проститься... первый раз на ней плод вяжется! Трогательно как, до совести... Допрашивают матросы: "А которое ваше дерево дорогое-любимое?" А вот это! А у них была груша, от ливадийских сортов привита. Ведите меня к груше "императрис"! А те смеются. Привели. Самая эта? Эта. Только зацветать собирается! Дюжий один, ка-ак насутужился... — рраз, с корнями! Вот вам — "императрис"! Из винтовки двое пришли — враз. Контрицанер! Гляжу — готов генерал Синявин, Михаил Петрович! Понтсигар из брюк вынули... А ещу были у них гуси с шишками на клюве, китайского заводу... Гусей на штыке пожарили. Пир был...

— И вы попировали...

— Ну, я... за упокой души, сказать... помянул. Жалости подобно! Понтсигар был знаменитый, с миниграмой, от учеников даренный. За обученье про насекомое. Вред очень понимали для садов. И все с ножичком, бывало, ходит. И какой сучок вредный, зараз — чик! Са-ды у нас были...

— А чего вы с ними сделали! И с людьми, и с садами?.. Молчите, не переговорите меня! А теперь — нет работы?! Да побий меня Боже, да чтобы вас загодя черви не съели...

— Да сто усе полытика, Марина Семеновна! Я ж говорю, усе глупая политика. А мы шо? Мы... нам Господь как положил? Усе православные християне... шоб каждый трудывся... А уж за свою корову... голову ей, гадюке, отмотаю! Надо и о зиме подумать... Ладно!..

У него назревает драма — всем известно.

С революцией дядя Андрей "занесся". Пришел с Альмы, из-под Севастополя, к жене — к Лизавете-чернявой, — служила она при пансионе. Не пришел, а верхом приехал! Не вышло из него дрогаля, да и возить стало нечего, — лошадь продал. Пробовали с Одарюком спирт гнать — и тут не вышло. И стал дядя Андрей при Лизавете жить, при корове. Вырастила Лизавета великими трудами корову, с телушки воспитала. Выдала девчонку Гашку за матроса-головореза, с морского пункта. Тут-то дядя Андрей и напоролся: думал корову себе забрать, на свое хозяйство садиться, а тут — матрос!

— А в Чеку?! Выведу в расход в две минуты!

Это тебе не господин Синявин!

Засело семь человек матросов в наблюдательный пункт, на докторскую дачу — смотреть за морем: не едет ли корабль контрреволюционный! Выгнали доктора в пять минут, пчел из улья швырнули-подавили, мед поели. Сад весь запакостили в отделку. Семеро молодцов — бугай бугаем.

— Командное у нас дело! На море в бинокли смотрим!

Народ отборный: шеи — бычьи, кулаки — свинчатки, зубы — слоновая кость. Ходят — баркас баркасом, перекачиваются, — девкам и сласть, и гибель. На пальцах перстни, на руках часики-браслетики, в штанах отборные портсигары — квартирная добыча. Кругом голод, у матросов — бараньи тушки, сала, вина — досыта. Дело сурьезное — морской пункт!

Попала Лизавета под высокую руку. Забрал к себе в пункт матрос девку Гашку, забрал и приданое — корову, поставил в подвал под пункт. Стал матрос молоко пить, девку любить. И сел дядя Андрей на мель: не возьмешь матроса!

Ходят матросы веселые, гладкие, по ночам из винтовок в море палят, по садам остатния розы дорывают — для дам сердца.

— Роза — царица цветов, народное достояние! Пожгли заборы, загадили сады — доломали. Пошли по садам догладывать коровы.

— Коровы — народное достояние! Пошли пропадать коровы. Вот и надумывает дядя Андрей, как овладеть коровой.

— Из-под земли достану! Суд теперь наш народный!

Уходит дядя Андрей к себе, в исправничью дачку-флигель. Мы сидим в темном дворике, под верандой. Вадик и Кольдик спят. Прелесть и Бубик-Сударь — в надежной крепости.

— На глазах погибает человек... — говорит с сердцем Марина Семеновна. — Говорю ему: налаживайте хозяйство! Видите я — старуха, и то борюсь, а вы и свой и мой огородик стравили поросенку, пень попивать стало! Говорит, порядку нет, не сообразишься! Вот где развал всего! Мы еще напрягаем последние силы, а он готов. Как мухи гибнут! А все кричали — наше!

Меня трогает это упорное цеплянье, борьба за жизнь. Не удержать ей мотыжку! Я беру ее сухенькую руку, благодарю за табак...

— Жизнь умирать не хочет, — говорит она с болью. — Ей нужно, нужно помочь!..

Не может она поверить, что жизнь хочет покоя, смерти: хочет покрыться камнем; что на наших глазах плывет, как снег на солнце. На ее глазах умирает "розовое царство", валится черепица, тащут из плетня колья, рубят в саду деревья. Чудачка... Останутся только разумные?! Останутся только — дикие, сумеют урвать последнее. Я не хочу тревожить верующую душу, — у ней внучки...

Приходит учительница с добычи. Приносит падалку и мешок виноградных листьев. С утра она ничего не ела. Она хочет испечь лепешку. Хотят угостить меня. Спасибо, я ел сегодня. Я даже пил молоко! Откуда? А добрая душа принесла — сказала:

— Курочки занесутся, может... яичком отдадите.

Нет, мои курочки никогда не занесутся. Они все тают, не обрастают зимним пером: и на перо нет сил...

ЧАТЫРДАГ ДЫШИТ

Всю ночь дьяволы громыхали крышей, стучали в стены, ломились в мою мазанку, свистали, выли... — Чатырдаг ударил!

Вчера кроткое облачко лежало на его гребне. Сегодня он бурно "дышит". Последняя позолота слетела с гор — почернели они зимней смертью. Вымело догола кругом, и хоронившиеся за сенью дачки пугливо забелели. Теперь не спрячешься, когда Чатырдаг дышит. Сколько же их раскидано, сирот горьких! Вышли из лесов камни — смотрят. Теперь будут лежать — смотреть. Открыли горы каменные глаза свои, недвижные и пустые... Когда Чатырдаг дышит, все горы кричат — готовься! Татары это давно знают. И не боятся.

Ветер гонит меня к татарину — просить зерна за рубашку, проданную еще летом. Не дает... Хоть табаку достану.

Туда, через городок, под кладбище. Иду по балкам, — глядят зевами на меня. Виноградники ощетинились черными рогами — отдали чубуки на топливо. Вот и сарай-дача, у пшеничной котловины, — жило здесь Рыбачихино семейство.

Прощай, Рыбачихино семейство! Потащились девчонки за перевал, поволокли тощее свое тело — кому-нибудь на радость. Гудит ветер в недостроенной даче, в пустом бетоне. Воет в своей лачуге Рыбачиха — над мальчиком — над трехлеткой плачет, детолюбивая. Я знаю ее горе: помер мальчик. Послала судьба на конец дней радость: к полдюжине девчонок прикинула мальчишку, — придет время, будет с отцом в море ездить!

Приходила на горку девочка от Рыбачихи, плакалась:

— Один ведь у нас мальчишка-то... все жалеем! Помрет — больше мать-то и сродить не сможет... уж очень теперь харчи плохие! Мать-то у нас еще крепкая, сорок два годочка... еще бы сколько народила на харчах-то...

Все проели: и корову, и пай артельный. Помер на прошлой неделе старый рыбак, наелся виноградного жмыху досыта, на сковородке жарил. Народил детей полон баркас, дождался наконец своей власти и... ушел в дальнее плавание, а детей оставил.

Гонит меня, сшибает ветром от Чатырдага. Проволока путается в ногах, сорванная с оград. Не думаю я о ветре. Стоит передо мной Николай, рыбак старый. На море никогда не плакал, а гоняло его штормягами и под Одессу, и под Батум, — куда только не гоняло! А на земле заплакал. Сидел у печурки, жарил "виноградные пироги". Сбились девчонки в кучку.

126

Сидел и я у печурки, смотрел, как побитым сизым кулаком мешал на сковородке старик "сладкую пищу". Рассказывал — цедил по слову, — как ходил поговорить начистоту с представителем своей власти, с товарищем Дерябой...

— Они... в "Ялы-Бахче"... все управление... сколько комнат! а мы... дожидаем... из комнаты в комнату нас... гоняют... то девки стрыженые... то мальчишки с этими... левонверами... печатками все стучат... хозяева наши новые... неведомо откуда... в гроб заколачивают... с бородкой ни одного не видал, солидного... все шатия...

Понимаю твою обиду, старик... понимаю, что и ты мог заплакать. От слез легче. Калечный, кривобокий, просоленный морем, ты таки добился до комнаты N 1, — прошел все камни, все нужные лавировки сделал, и потянуло тебе удачей: увидал товарища Дерябу! Крепкого, в бобровой шапке, в хорьковой шубе — за заслуги перед тобой! — широкорожего, зычного товарища Дерябу! Ты, чудак, товарищем называл его, душу ему открыл... рассказал, что у тебя семеро голодают, а ты — больной, без хлеба и без добычи. Надоел ты ему, старик. Не надо было так хмуро, волком, ворчать, что обещала власть всем трудящимся...

Сказал тебе товарищ Деряба:

— Что я вам... рожу хлеба?!

Кулаком на тебя стучал товарищ Деряба. Не дал тебе ни баранины, ни вина, ни сала. Не подарил и шапки. А когда ты, моряк старый, сел в коридоре и вытянул из рваных штанов грязную тряпицу: мимо тебя ходили в офицерских штанах галифе, после расстрелов поделенных, и колбасу жевали, а ты потирал гноившиеся глаза и хныкал, поводил носом, потягивал колбасный запах... Взяло тебя за сердце, остановил ты одного, тощенького, с наганом, и попросил тоненьким голоском — откуда взялся:

— Товарищ... Весной на митинге... про народ жалели, приглашали к себе... припишите уж все семейство в партию... в коммунисты... с голоду подыхаем!..

Тебе повезло: попал ты на секретаря товарища Дерябы. Спросил тебя секретарь с наганом:

— А какой у вас стаж, товарищ?

Ты, понятно, простак, не понял, что над тобой смеются. Ты и слова-то того не понял. А если бы ты и понял, ну, что сказал бы? Твой стаж — полвека работы в море. Этого, старик, мало. Твой стаж — кривой бок, разбитый, когда ты упал в трюм на погрузке, руки в мозолях, ноги, разбитые зимним морем... и этого, чудак, мало! У тебя нет самого главного стажа — не пролил ты ни капли родной крови! А у того имеется главный стаж: расстреливал по подвалам! За это у него и колбасы вдоволь, за это и с наганом ходит, и говорит с тобой властно!

Ты поднялся, оглянул живые его глаза — чужие, его тонкие и кривые ноги... И хрипнул:

— Значит, дохнуть?! Да хоть ребят возьмите!

Ты грозил привести ребят. Тебе сказали:

— Приводи, твое дело. Выведем на крыльцо...

Ты крикнул ему угрозу:

— Та-ак?! в море кину!..

— Дети твои, кидай! Вот чудак... если всем не хватает!

Пошел ты к себе, спустился в свою лачугу... Не пошел к рыбакам своим: у всех ты позабирал, а теперь и у них пусто. Наелся жмыху и помер. Спокойней в земле, старик. Добрая она — всех принимает щедро.

Валит меня ветром на винограднике, на лошадиные кости. Стоят на площадке, на всех ветрах, остатки дачки-хибарки Ивана Московского, — две стенки. За ними передохнуть можно. Когда Чатырдаг дышит — дышать человеку трудно. Смотрю — хоронится от ветра Пашка, рыбак, лихой парень. Тащит домой добро — выменял где-то на вино пшеницы, сверху запустил соломки, чтобы люди не кляли.

— Ну, как живется?

Он ругается, как на баркасе:

— А-а......... под зябры взяли, на кукане водят!

Придешь с моря — все забирают, на всю артель десять процентов оставляют! Ловко придумали — коммуна называется. Они правят, своим места пораздавали, пайки гонят, а ты на их работай! Чуть что — подвалом грозят. А мы...— нас шестьдесят человек дураков-рыбаков — молчим. Глядели-глядели... не желаем! Еще десять процентов прибавили. Запасу для себя не загонишь, рыба-то временем ход имеет. Пойдешь в море — ладно, думаешь, выгрузим, где поглуше, — стерегут! Пристали за Черновскими камнями, только баркас выпрастывать принялись, — а уж он тут как тут! "Это вы чего выгружаете? против власти?!" Ах, ты, паршивый! Раза дал... не дыхнул бы! А за им — стража! Наши же сволочи, красноармейцы, с винтовками из камней лезут! За то им рыбки дают... Отобрал! Да еще речь произнес, ругал: пролетарскую дисциплину подрываете! Комиссар, понятно...

— Власть-то ваша.

Пашка сверкнул глазами и стиснул зубы.

— Говорю — под зябры ухватили! А вы — ва-ша! Всю нашу снасть, дорожки, крючья, баркасы — все забрали, в Комитет, под замок. Прикажут: выходи в море! Рабочие сапоги, как на берег сошли, — отбирают! Совсем рабами поделали. Ладно, не выезжать! В подвал троих посадили, — некуда податься! Депутата послали в центр, шум сделали... Три недели в море не выходили! Отбили половину улова, а уж ход камсы кончился. Седьмой месяц и вертимся, затощали. Что выдумали: "Вы — говорят — весь город должны кормить, у нас коммуна!" Присосались — корми! Белужку как-то закрючили... — выдали по кусочку мыла, а белужку... в Симферополь, главным своим, в подарок! Бы-ло когда при царе?! Тогда нам за белужку, бывало... любую цену, как Ливадия знак подаст! Свобода-то когда была, мать их!.. Да раньше-то я на себя, ежели я счастливый, сколько мог добывать? У меня тройка триковая была, часы на двенадцати камнях, сапоги лаковые... от девок отбою не было. А теперь вся девка у них, на прикорме, каких полюбовниц себе набрали... из хорошего даже роду! Попа нашего два раза забирали, в Ялты возили! Уж мы ручательство подавали! Нам без попа нельзя, в море ходим! Уйду, мочи моей не стало... на Одест подамся, а там — к румынам... А что народу погубили! Которые у Врангеля были по мобилизации солдаты, раздели до гульчиков, разули, голыми погнали через горы! Пла-кали мы, как сбили их на базаре... кто в одеялке, кто вовсе дрожит в одной рубахе, без нижнего... как над людями измывались! В подвалах морили... потом, кого расстреляли, кого куда... не доищутся. А всех, кто в милиции служил из хлеба, простые же солдатики... всех до единого расстреляли! Сколько-то тыщ. И все этот проклятый... Бэла-Кун, а у него полюбовница была, секретарша, Землячка прозывается, а настоящая фамилия неизвестна... вот зверь, стерьва! Ходил я за одного хлопотать... показали мне там одного, главного чекиста... Михельсон, по фамилии... рыжеватый, тощий, глаза зеленые, злые, как у змеи... главные эти трое орудовали... без милосердия! Мой товарищ сидел, рассказывал... Ночью — тревога! Выстроят на дворе всех, придет какой в красной шапке, пьяный... Подойдет к какому, глянет в глаза... — р-раз! — кулаком по морде. А потом — убрать! Выкликнут там сколько-нибудь — в расход!

Я говорю Пашке:

— Вашим же именем все творится.

Нет, он не понимает.

— Вашим именем грабили, бросали людей в море, расстреливали сотни тысяч...

— Стойте! — кричит Пашка. — Это самые паскуды!

Мы стараемся перекричать ветер.

— Ва-шим же... именем!

— Подменили! окрутили!

— Воспользовались, как дубинкой! Убили будущее, что в народе было... поманили вас на грабеж... а вы предали своих братьев!.. Теперь вам же на шею сели! Заплатили и вы!.. и платите! Вон и Николай заплатил, и Кулеш, и...

Он пучит глаза на меня, он уже давно сам чует.

— На Волге уж... миллионы... заплатили! Не проливается даром кровь!.. Возме-рится!

— Дурак наш народ... — говорит Пашка, хмурясь. — Вот когда всех на берегу выстроят да в руки по ложке дадут, да прикажут — море выхлебывай, туды-ть твою растуды-ть!.. — вот тогда поймут. Теперь видим, к чему вся склока. Кому могила, а им светел день. Уйду! На Гирла уйду, ну их к ляду!..

Пашка забирает мешок. Только теперь я вижу, как его подтянуло и как обносился он.

— Пшени-чка-а... Пять верст гнались...

Голос срывается ветром. Он безнадежно машет и пригибается от вихря к земле, хватается за рогульки на винограднике, путается за них ногами.

Дальше, ниже. Вот и миндальные сады доктора. В ветре мальчишки рубят... а, пусть! Прощай, сады! Не зацветут по весне, не засвищут дрозды по зорям. Шумит Чатырдаг... долло... ййййййй.... — север по садам свищет, ревет в порубках... И море через сады видно... — погнал Чатырдаг на море купать барашков! Визжат-воют голые миндали, секутся ветками, — хлещет их Чатырдаг бичами — до-лоййййй...— давний пустырь зовет, стирает сады миндальные, воли хочет. Забился под горку доктор... да жив ли?..

Ветром срывает меня с тропинки, и я круто срываюсь в балку, цапаюсь за шиповник. Вот куда я попал! Ну, что же... зайду проститься — совершаю последний круг! Взгляну на праведницу в проклятой жизни...

ПРАВЕДНИЦА-ПОДВИЖНИЦА

Лачуга, слепленная из глины. Сухие мальвы треплются на ветру, тряпки рвутся на частоколе. Одноногий цыпленок уткнулся головкой в закрытую сараюшку, стынет — калека. И все — калечное. На крыше — флюгер, работа покойного Кулеша-соседа, — арап железный подрыгивает, лягает ногой серебряной, сапогом: веселенькая работа-дар. Помер Кулеш, и сапожник помер, Прокофий, что читал Библию. Остался арап железный лягать сапогом ветер.

Познал Прокофий Антихриста — и помер. Знаю, как он помер. Все ходил по заборам, по пустым окнам — читал приказы, разглядывал печати: "антихристову печать" отыскивал. Придет в лачугу и сядет в угол.

— Ну, чего ты, Прокофья... вон починка! — скажет ему жена Таня.

— Де-крет! декрет!! — шепчет Прокофий в ужасе. — Полотенца, рубахи приносить велит! Жду, все жду...

— Ну, чего ждешь-то, глупый? Хоть бы пожалел детей-то!..

— Знака настоящего жду... тогда!..

— Измучил ты меня! ...Ну, какого тебе знака еще... Господи!

— Декрет готовит! Кресты чтобы ему приносили, тогда и печать положит... слежу...

Понес Прокофий полотенце — "по декрету". Подал полотенце.

— А рубахи нету? — спросили. — Рубахи очень нужны шахтерам, товарищ!..

— По-следняя! — дрогнувшим голосом сказал Прокофий и приложил руку к сердцу. — А когда крест... снимать будете?

Его хотели арестовать, но знающие сказали, что это сумасшедший сапожник. Он вышел на набережную, пошел к военному пункту и запел: "Боже, Царя храни!" Его тяжко избили на берегу, посадили в подвал и увезли за горы. Он скоро помер.

Я смотрю на сиротливую лачугу. Вот плетешок на обрывчике — его работы. Пустой хлевок: давно проданы свинки, последнее хозяйство. "Одноножка" одна осталась — детям. Две девочки-голоножки возят на ниточках щепки — играют в пароходы. За окошком мальчик грозится сухою косточкой.

Я хочу повидать Таню. А, вот она. Куда собралась она в

такой ветер, сдувающий с гор камни? Она стоит на пороге — уже в пути.

— Здравствуйте. А я за горы, вино менять...

На ней кофта, на голове ситцевый платок, босая. За спиной — бочонок на полотенце, пудовый. На груди, на веревках, перевитые тряпками — чтобы не побились! — четыре бутылки. Походное снаряжение.

Я понимаю, что значит это — "за горы". За полсотни верст, через перевал, где уже снег выпал, она понесет трудовое свое вино, — потащит через леса, через мосты над оврагами, где боятся ездить автомобили. Там останавливают проезжих. Там — зеленые, красные, кто еще?.. Там висят над железным мостом, на сучьях, — семеро. Кто они — неизвестно. Кто их повесил — никто не знает. Там прочитывают бумаги, выпрастывают карманы... Коммунист? — в лес уводят. Зеленый? — укладывают на месте. Гражданин? — пошлину заплати, ступай. Там волчья грызня и свалка. Незатихающий бой людей железного века — в камнях.

И она, слабенькая, мать Таня, — идет туда. Сутки идет — не ночует, не останавливается, несет и несет вино. Выгадает пять фунтов хлеба. Идет оттуда с мукой. А через три дня опять — вино, и опять горы, горы...

— Трудно, да ведь де-ти... Пять раз ходила, в шестой. Сплю когда, во сне вижу — иду, иду... лес да горы, а вино за спиной — буль-буль... плещется. Когда идешь — спишь... буль-буль... Ноги обила, а обувку где же! Кормимся...

Когда-то она жила, как люди, стирала на приезжих. Чисто водила детей, сытенькая всегда была. Прокофий сапожничал, читал Библию и поджидал Правду. Пришла — навалила камень.

— Не обижают на дороге?

— Всего бывало. Вышли из лесу, остановили. Ну, еще молодая я... "Пойдем жить в лес с нами!" Дети у меня, говорю, а то бы с вами осталась! Посмеялись, хлебушка дали... Попались добрые люди, страдающих понимают...

— "Зеленые", что не хотят неволи?

— А не знаю... — робко говорит Таня. — Один сала кусок сунул. Говорит — снеси детям... у меня, говорит, тоже дети... А то было, под городом... вот дойду!.. вино у меня отняли... В ногах валялась... "Молчи, — говорит, — спикулянка!" Пошла назад, холодная-голодная, насилу добралась... Спасибо, татаре в долг опять вина дали.

Звери, люди — все одинаковые, с лицами человечьими, бьются, смеются, плачут. Выдернутся из камня — опять в

132

камень, Камней, лесов и бурь не боится Таня. Боится: потащат в лес, досыта насмеются, вино все выпьют, ее всю выпьют... — ступай, веселая!

— Приду — испеку им хлебца. Едят, меня дожидаются, одни...

Когда-то мальвы в саду цвели, голуби ворковали, постукивала швейная машинка. Когда-то она, нарядная, ходила с Прокофием к обедне, девочек вела за ручки, а Прокофий нес на руках наследника.

— Боюсь — не выдержу. Только судьбу обманываю. Если помощи не дадут — все погибнем.

Востроносенькая, синеглазая, приветливая, она недавно была красива. Теперь — скелет большеглазый, большеглазы и девочки. Спасется, если примет повадившегося заглядывать толстошею-матроса с пункта. Пусть, хоть матросом спасет семью. Все летит в прах, горит.

— Ну, живите... хлебца я вам порезала, по бумажкам. Христос с вами... Соседка заглядывает когда...

Прощай, подвижница!

На меня смотрит девочка, показывает на щепку:

— Па... ла... ход... у-у-у...

Мальчик косточкой по стеклу стучит.

Ушла Таня. Смотрю на Чатырдаг — ясный-ясный. Там выпал снег. Туда, за его громаду, полезет с бочонком Таня, а он будет ее сдувать. Будут орлы кружиться... А вино — весело за спиной — буль-буль-буль...

ПОД ВЕТРОМ

Миндальные сады доктора... Надо зайти проститься. Я совершаю последний круг, последнее нисхождение. Делать внизу мне нечего: сидеть на горе легче.

Охлестывает меня ветвями, воет-визжит кругом. Покалывает и прячет синее море — играют на нем барашки. Белеет через деревья дом доктора. Дубовые колоды вделаны на века. Стены — крепость. Водоемы хранят и в жары студеную — зимних дождей — воду. Продал доктор свой крепкий дом и перебрался в новый — из тонких досок, — в скворешник-гробик.

А вот и доктор. Он стоит перед домиком, неподвижно, раскинув руки, как огородное чучело. Ветер треплет его лохмотья.

— Ветром занесло к вам... доктор... проститься перед... зимой!

— Да-да... — бросает он озабоченно, а его, кисель киселем, лицо продолжает смотреть кверху. — Зрение проверяю... Вчера отчетливо различал, а сегодня шишек не вижу...

— Ветром посбивало!

— Вы думаете... Но я и сучков не вижу. Десять дней принимаю один миндаль... горький. Нет, оставьте! Я не имею охоты продолжаться. Обидно, что не кончу работу, потеряю глаза... Заключительные главы — "апофеоз русской интеллигенции", не успею! Слепну, ясно. Вчера один коллега, который каждый день умеет есть пирожки, прислал пирожок... но такие боли... опиум принял и уснул. Перед утром видел ее, Наталью Семеновну... Положила голову на плечо... "Скоро... Миша!" Конечно — скоро. А ведь должен же быть хоть там какой-нибудь мир, где есть какой-нибудь смысл?! Ибо хотим смысла! И вот, под опиумом мне все открылось, но... забыл! Два часа вспоминал... а как я был счастлив! Помню... про "дядюшку" что-то...

— Как, про "дядюшку"?!

— Как будто смешно... но... У человечества, у нас, у нас! дядюшки не было! Такого, положительного, с бородой честной, с духом-то земляным, своим... с чемоданчиком-саквояжиком, пусть хоть и рыженьким, потертым, в котором и книги расчетные, и пряники с богомолья, и крестики от преподобного... и водица святая... и хоро-шая плетка!

— Не понимаю, доктор!..

134

— Может быть, это от миндаля с опиумом? — прищурился доктор хитро. — Я про интеллигенцию говорю! Были в ней только... полюсы, северный и южный! Стойте, ветра не бойтесь... нам с вами ветер не повредит! не может повредить! Один полюс, хоть северный, — "высоты духа"! Рафинад! Они только тем и занимались, что из банкротства в банкротство... и дух испустили! Гнили сладостно и в том наслаждение получали. Одну и ту же гнилушку под разными соусами подавали, — какое же, скажите, питание в... гнилушке, хоть бы с фимиамами?! А другой полюс... — плоть трепетная и... гнусная, тоже под соусами ароматными... — дерзатели-рвачи-стервецы! Эти ничего не подавали, а больше по санитарной части: все — долой! и — хочу жрать! Но под музыку! с барабаном! жрать хочу всенародно и даже... всечеловечно! А между ними "болть" колыхалась, молочишко снятое! Оно теперь, понятно, сквасилось и... А "дядюшки"-то и не было! который ни туда, ни сюда! А — погоди, малец: тебя надо в бане выпарить, голову вычесать, рубаху чистую на тебя надеть, вот тебе крестик от преподобного и... букварь! и плетка на случай! Ядра-то не было! Молочишко-то всю посуду заквасило... Не понимаете?! Ага! Я эту формулу могу содержанием наполнить на двадцать томов, с историческими и всякими комментариями! В лучшем случае у нас вместо дядюшки-то кузен был! А чего от кузена ждать?! Рецептики у кузена всегда больше презервативного и ртутного характера. Он из "Варьете" на две минуты к бабушке перед соборованием, а потом к мадам Анго, на утренний туалет, а там к кузине, а там пищеварением занимается, стишками побалует и в клуб — друзья дожидаются доклад об "устремлениях" послушать... И подметки у него всегда протертые! Да, дядюшка! По нем скоро весь земной шар будет тосковать... ибо уж если ступит — знает, куда нога попадет! И в саквояже у него

всегда свое! И в книжке у него все, до "нищему на паперти подано — 2 копейки"! А у кузена больше на манжетке написано — "в "Палермо" метрдотелю 5", и не поймешь, как и за что, да и пять ли!

Он потер глаза и принялся проверять по шишкам.

— Да, слабеют. Вчера дубовую дверь ночью ломали, лезли... да крепка! А окна, как видите, на три аршина, — предусмотрено! Так они все мотыги и лопаты забрали. Так с культурой! Передком еще тащилась, а как передок со шкворня, — задний то стан и налетел — хряп! Ну... звери сломали клетку, змеи разбили стеклянный ящик...

Я вижу, как он задыхается от ветра, пригибающего

135

кипарисы, но уходить не хочет и к себе не зовет. Просит стоять за деревом: так не дует.

— Конечно, отвлеченности теперь страшно утомляют, но без них нельзя даже здесь! А теперь обобщения неизбежны, ибо итоги, итоги подводим! Решать надо! Вот вчера умер уже семнадцатый! от голода! По... третьего дня в Алупке расстреляли двенадцать офицеров! Вернулись из Болгарии на фелуге, по семьям стосковались. И я как раз видел тот самый автомобиль, как поехали расправляться за то, что воротились к родине, от тоски по ней!! Сидел там... по-эт, по виду! Волосы по плечам, как вороново крыло... в глазах — мечтательное, до одухотворенности! что-то такое — не от мира сего! Героическое дерзание! Он, в каких-то облаках пребывающий, приказал!!! рабам приказал убить двенадцать русских героев, к родине воротившихся! Стойте!! — подбежал ко мне доктор и схватил за руку... — Чего-то мы не учитываем! Не все умирают! Значит, жизнь будет идти... она идет, идет уже тем, что есть которые убивают! и только! в этом и жизнь — в убивании! Телефоны работают: "Убить?" — "Убить". — "Едем!" — "Торопитесь!" Это уже вид функции принимает!! Значит, ясно: надо... уходить.

— А надежда, доктор? А расплата?!

— Функция! — говорю. Какая может быть тут надежда?! А расплата — укрепление функции. Мерси покорно. Гниение конституциональное! Вы имеете понятие о газоидальной гангрене? Вы не слышите этого шипенья?! Ну, слушайте. Почему вчера не были на собрании? Смот-рите, могут и убить! Я вам сейчас...

Доктор вытащил из какой-то складки заплат розовенький листок бумаги, затрещавший в ветре.

— Стой, не дерись... сейчас выпущу... Читайте, на розовеньком-то: "Явка обязательна, под страхом предания суду революционного трибунала!" Значит, вплоть до... функции! Я не потому пошел, а... выступал сам маэстро! Н-ну, хоть маэстро функций! сам товарищ Дерябин! Раньше парнишка с Путиловского заводу наших профессоров пушил и учителям носы утирал, а они улыбались не без приятности, а тут сам Дерябин! Все козыри ихние! Чтобы вся интеллигенция явилась! Она любит "Голгофу"-то, ну, с ее вкусами-то и считаются. Ведь они-то, центр-то, пси-хологи! Все перепоночки интеллигенции-то знают... Все и явились. С зубками больными даже, с катарами... кашлю что было, насморку! Они не являлись, когда их на борьбу звали, от Дерябиных-то защищать и себя, и... Но тут явились на порку аккуратно, заблаговременно! Хоть и в лоскутках пришли, но в очках!

136

некоторые воротнички надели, может быть для поддержания достоинства и как бы в протест. Без сапог, но в воротничке, но... покорен! Доктора, учителя, артисты... Эти — с лицом хоть и насмешливо-независимым, но с дрожью губ. В глазах хоть и тревожный блуд, и как бы подобострастие, но и сознание гордое — служение свободному искусству! Кашлянет по театральному, львенком этаким салонным, будто на сцене, и... испугается — будто поперхнулся. Товарищ Дерябин в бобровой шапке, шуба внакидку, лисья... как у Пугачева!

— Но... у него хорьковая шуба...

— Ну да! У него и хорьковая есть. А тут в лисьей. Фи-гу-ра! Или мясник он был, или в борцах работал... а может быть, и урядник, в хлебном селе такие попадаются... широкорылый, скуластый... Наган на стол! О просвещении народа! Что уж он говорил!.. Ну... Да ка-ак зы-кнет!.. — так все и... "Такие-сякие.... за народную пот-кровь... набили себе головы всяческими науками! Требую!! раскройте свои мозги и покажите пролетариату! А не рас-кро-ете... тогда мы их... раскроим!" И наганом! В гроб прямо положил! Ти-ши-на... Ведь рукоплескать бы надо, а? Дождались какого торжества-то! Власть ведь наконец-то на просвещение народное призывает! Ведь, бывало, самоеды как живут, или как свободные американцы гражданские праздники празднуют, и как отдыхают, и развлекаются, через волшебный фонарь народу показать тщились, как бы хоть кусочком своего ума-знания-мозга поделиться, на ушко шепнуть... из-под полы, за двадцать верст по грязи бежали, показать истину-то как пытались... а тут все мозги требуется показать, а... И как будто недовольны остались! Не то чтобы недовольны, а... потрясение! Готовность-то изображают, а в кашле-то некоторая тень есть. Но... когда пошли, подхихикивали! А доктор один, Шуталов... и говорит: "А знаете... мне это нравится! Почвенно, а, главное, непосредственности-то сколько! Душа народная пробуждается! Переварка! Рефлексы пора оставить, не угодно ли... в черную работу!" И за товарищем Дерябиным побежал! ручку потрясти. Что это — подлость или... от благородного покаяния?! В помойке пополоскаться?! Ведь есть такие... Зовут полоскаться и претерпеть. Поклонимся голоте бесстыжей и победим... помойкой! Чем и покажем любовь к народу! Правда, у таких головы больше редькой... но если и редька начнет долбить и терзаться — простим-простим и претерпим! — так... Источимся в страдании сладостном! Вот она, гниль-то мозговая! Ну, с таким матерьяльцем только в помойке и полоскаться. Во что Прометей-то, Каин-то прославленный вылился! — в босяка, на сладостной Голгофе-помойке самозабвенно истекающего любовию! К зверям бы ушел... не могу!..

Доктор пускает розовенькую бумажку, и она взмывает кверху и порхает розовой бабочкой. Понесло ее к морю.

— Не спешите. Все хочу главное высказать, а мысли... мозг точат, как мыши... все перегрызают. Не с кипарисами же говорить?! Не с кем говорить стало... Боятся говорить! И думать скоро будут бояться. Я им пакетик хочу оставить, в назидание. Здешние-то, конечно, и не поймут, мавры-то... а вот бы господам журналистам-то бывшим... Они ведь все по журналистике до кровопуска-то... Интересно, когда они один на один с собой?.. Не волк же они или удав? когда пожрет, только бурчание свое слушает в дремоте... Если у них человеческое что-то имеется, не могут они, когда перед зеркалом с глазу на глаз... Плюют в себя? как вы думаете... или ржут?!! Или и перед зеркалом себе успокоительные речи произносят? Во имя, дескать... И шахтер-махер — во имя?! И — все? Этот вот смокинг — от всенародного портного, не носят? человечины не едят? Как же не едят?! На каждого из них... сколько сотен тысяч головушек-то российских падает? А они их речами, речами засыпают, песочком красным... Так-таки и не возмерится?! О, как возмерится!.. до седьмого колена возмерится! Вот и об этом во сне мне было... Те — не задавят! Эти, здешние, что! Но и они наводят на выводы... Вчера иду по мосту. Трое звездоносцев обгоняют, в лыках витязей... в издевке-то этой над давним нашим, — когда лыком сшивали Русь! Про пенсне мое, как полагается, го-гочут! Молчу. И вот непристойные звуки стали производить, нарочно! Воздух отравили и го-го-чут! Только человеку может такое в башку прийти... Животное есть, вонючка... Так она от смерти этим спасается, жидкостью-то своею! Эти так, а те... слово, душу заразили, все завоняли! и еще весь мир приглашают: дружно будем... вонять! И есть, идут!! В вони этой даже какое-то искупление и пострадание находят! возрождение через вонь ждут! Могий вместити! — говорят!! Франциски Ассизские какие... суп себе из вышвырнутых мощей будут кушать и... плакать! А потому — пострадание-то сладостно! Словоблудие-то каково! Что же, уходите?

Он провожает меня, доводит до бассейна и останавливает.

— Тут потише. Я уж в свой... склеп-то и не зову. Да и все прибираюсь, бумажки какие... Да... я вчера Кука читал, про дикарей, и плакал! Живот болел от коллегина пирожка... Милые дикари, святые! Тоже, угощали Кука человечинкой... от радушия угощали! по-медвежьи... и ящерицу на жертвенном блюде подали! Как эти горы — святы в неведении своем. Горы, падите на нас! Холмы, покройте! От них уходить жалко. Хожу по садам, каждое деревцо оглядываю, прощаюсь. Скверно, что так с трупами, валяются там неделями! И кладбище гнусное, на юру, ветрено... Эту вот руку собаки обгрызут...

— Ведь все же — химия, доктор?

— А неприятно. Эстетика-то... стоит чего-нибудь? Вон художник знакомый говорит...— лучше бы хоть удавили! Приказали плакаты против сыпняка писать... вошей поярче пролетариату изобразить! Написал пару солидных, заработал фунт хлеба... да дорогой детям отдал: не могу, говорит, от этого кормиться! Нет, не говорите... Море-то, море-то каково! И блеск, и трепет... — у Гоголя недавно где-то. Сколько прекрасного было! Ах, на пароход бы сейчас... где-нибудь в Индийском океане... куда-нибудь на Цейлон пристать... в джунгли, в леса забраться... Храмы там заросли, в зеленой тишине дремлют. И Будда, огромный, в зеленом сумраке. Жуки лесные ползают по нем, райские птицы порхают... то на плечо к нему сядут, то на ухо, чирикают про свое... и непременно ручеек журчит... А он, давний-давний... с длинными глазами, смотрит-смотрит, бесстрастно. Я на картинках его таким видал. Чувствуется, что он все знает! И все молчит! Не мелкое, гаденькое, конечное... но великую силу "четыреххвостки" или "диктатуру пролетариата", который звуками воздух отравляет, а... Все знает! Стать бы перед ним так вот... с книгами со всеми в голове, что за целую жизнь прочитал, с муками, какими накормили... и... — он бы все понимал! — и сказать только глазами, руками так... "Ну, что? как с ду-мой-то ты своей, своей?! А он бы — ни ресничкой! Зрячий и мудрый Камень! Вот так подумаю — и не страшно! Ничего не страшно! Мудрый камень — и вниду в он! Хоть бы полчаса, для внедрения в... сущее. Ведь я теперь уж кипарисам молюсь! Горам молюсь, чистоте ихней и Будде в них! Если бы я теперь, теперь... миндали сажал, миндальному бы богу молился! Ведь и у миндаля есть свой бог, миндальный. Есть и кипарисный, и куриный. И все — в Лоне пребывает... Там бы, у подножия, и скончать дни... упереться в Него глазами и... отойти с миром. Может быть, "тайну" ухватишь — и примиришься. Понимаю, почему и Огню поклоняются! Огонь от Него исходит, к Нему возвращается! И ветер... Его дыхание!

Доктор словно хватает ветер, руками черпает. — Чатырдагский, чистый. Теперь уж он как приятель... Сегодня ночью как зашумел по крыше...

Здравствуй, говорю, друг верный. Шумишь? и меня,

старика, не забываешь?.. А вот... с помойкой не примирюсь! Я умирать буду, а они двери с крюков тащить! Вчера две рамы и колоду выворотили в том доме, ночью слышал. А они чужих коров свежевать... а они с девками под моими миндалями валяться? А они граммофон заведут и "барыню" на все корки? Каждый вечер они меня "барыней" терзают! Только-только с величайшим напряжением в свое вглядываться начнешь, муку свою рассасывать... — "барыню" с перехватом! Ужас в том, что они-то никакого ужаса не ощущают! Ну, какой ужас у бациллы, когда она в человеческой крови плавает? Одно блаженство!.. И двоится, и четверится, ядом отравляет и в яде своем плодится! А прекрасное тело юного существа бьется в последних судорогах от какого-то подлого менингита! Оно — "папа, мама... умираю... темно... где же вы?!" — а она, бацилла-то, уж в сердце, в последнем очажке мозга-сознания канкан разделывает под "барыню"! На автомобилях в мозгу-то вывертывает! У бациллы тоже, может быть, какие-нибудь свои авто имеются, с поправочками, понятно... Я себе такие картины по ночам представляю... череп горит! И не воображал никогда, что в голоде и тоске смертной такие картины приходить могут. На миндале настояно! Нет, вы скажите, откуда они — такие?! Бациллы человечьи! Где Пастер Великий? Где сильные, добрые, славные? Почему ушли?! Молчат... Нет, вы погодите, не уходите... Я вам последнее дерзание покажу... символ заключительный!..

Доктор бежит к водоему: за сарайчик, где у него две цистерны — для лета и для зимы. Таинственно манит пальцем.

— Всем известно, что у меня особо собранная вода — всегда прозрачная и холодная! И вот глядите! Вы поглядите!!

Он подымает подбитую войлоком прикрышку люка и требует, чтобы я нагнулся.

— Видите эту... гнусность?! Вы видите?!..

Я вижу плавающую "гнусность".

— Это мои соседи с пункта, "барыню"-то которые... Одному я недавно нарыв на пальце вскрывал. И вот они отравили мне мою воду! Обезьяна нагадила, что с обезьяны спрашивать? Дорожка показана "вождями" стада, которые всю жизнь отравили!..

— Ступайте, доктор... нехорошо на ветру.

— Не могу там. Ночью еще могу, читаю при печурке. А днем все хожу...

Он машет рукой. Мы не встречались больше.

ТАМ, ВНИЗУ

Ветер гонит меня мимо Красной Горки. Здесь когда-то был пансион, росли деревья, посаженные писателями российскими! Вырублены деревья. Я вспоминаю Чехова... "Небо в алмазах"! Как бы он, совесть чуткая, теперь жил?! Чем бы жил?!

Иду мимо Виллы Роз. Все — пустыня. И городишко вымер. Ветер чисто подмел шоссе, все подсолнушки вымел в море. Гладко оно перед береговым ветром, и только в дальней дали чернеет полоса шторма. Пустынной набережной иду, мимо пожарища, мимо витрин, побитых и заколоченных. На них клочья приказов, линючие, трещат в ветре: трибунала... Ни души не видно. И их не видно. Только у дома былой пограничной стражи нахохлившийся, со звездой красной, расставив замотанные ноги, пощелкивает играючи затвором.

Я иду, иду. Гуляет-играет ветер, стучит доской где-то, в телеграфных столбах гудит. Пляжем пустым иду, пустырем, с конурой-ротондой. Воет-визжит она пустотой, ветром. Я делаю крюк, чтобы обойти дом церковный, в проволоке колючей, — там подвалы. Держат еще в себе бьющееся, живое. Там, на свалке, в остатках от "людоедов", роются дети и старухи, ищут колбасную кожицу, обгрызанную баранью кость, селедочную головку, картофельную ошурку...

На подъеме я замечаю высокого старика, в башлыке, обмотанного по плечи шалью, с корзинкой и высокой палкой.

— Иван Михайлыч?!

— Ро-дной!.. Го-лубчик... — слезливо окает он, и плачут его умирающие, все выплакавшие глаза. — Крошечки собираю... Хлебушко в татарской пекарне режут... крошечки падают... вот набрал с горсточку, с кипяточком попью... Чайком бы согреться... Комодиком топлюсь, последним комодиком... Ящики у меня есть, из-под Ломоносова... с карточками-выписками... хо-роших четыре ящика! Нельзя, матерьялы для истории языка... Последнюю книгу дописываю... план завершаю... каждый день работаю с зари, по четыре часа. Слабею... На кухоньку хожу советскую, кухарки ругаются... супцу дадут когда, а хлебушка нет... Обещали учителя мучки... да у самих нет...

Мы стоим под ветром, на белом шоссе, одни... Ветер воет и между нами, в дырьях.

— На родину бы, в Вологодскую губернию... Там у меня сестра... коровка у ней была... Молочка бы, кашки бы поел

141

напоследок, с маслицем коровьим, творожку бы... — с дрожью, с удушьем, шепчет он, укутываясь шалью от ветра. — В баньке бы попарился с березовым веничком... Запарши-вел, голубчик мой... три месяца не мылся, обносился... заслаб. Ветром вот сдуло, с ног сбило... В Орле у меня все отняли... библиотека была... дом, капитал в банке, от моих книг все... Умру... Ломоносов пропадет! Все матерьялы. Писал комиссарам... никому дела нет... А-ад, голубчик! Лучше бы меня тогда матросики утопили...

И мы расходимся.

Я иду дальше, дальше... Никого в умирающем городке — загнало-забило ветром. Едет кто-то... Вижу я нарядного ослика, в красных помпончиках, в ясных бубенчиках. Он бежит-семенит, повиливая ушами, сытенький, легко катит кабриолетик желтый, на резинах. Дама в сером, в кожаных перчатках, в голубом капоре, правит твердо. Нарядные дамы ездят!.. Не все — пустыня! Не все разбитые корабли, баркасы, утлые лодочки... есть и милые яхточки, пришвартовавшиеся умело у тихой бухты, а там... вывертывай песок, камни, шуми-швыряй! Дробно поцокивает ослик...

А вот и татарский двор, семнадцать раз перекопанный, перевернутый наизнанку в ночных набегах. Серебро, золото и цветные камни, обитые серебром чеканным — седла, сбруя, дедовские нагайки; пшеница и сено в копнах, табак и мешки грецкого ореха; шелковые подушки и необъятные перины, крытые добротными черкесскими коврами, персидские шелковые занавески, вышитые серебряной арабеской и золотыми желудями, — зелено-золотое; чадры в шашечках и ажуре, пояса в золотых лирах, золото и бирюза в подвесках; чеканная посуда из Дамаска, Багдада, Бахчисарая, кинжалы в оправе из бирюзы и яшмы, и точеной кости, пузатые, тонкогорлые кувшины аравийской меди, тазы кавказские...— все, что берег-копил богатый татарский дом, — ушло и ушло, раз за разом в заглатывающую прорву. Плывет куда-то — куда-то выплывет. Попадет и за море, найдет себе стенку, полку или окошко. Увидит и Москву, и Питер — богатые апартаменты нового хозяина-командира жизни, и туманный Лондон, и Париж, ценитель всего прекрасного, и далекое Сан-Франциско: разлетятся всюду блестящие перышки выщипанной российской птицы! Вещи находят руки, а человек могилу. Теперь человек и могилы не находит.

Старый татарин только воротился из мечети. Сидит, желтый, с ввалившимися глазами — горной птицы.

Сидим молча, долго.

142

— Зима говорила ветром: иду скора! Плоха.

— Да, плохо.

— Умирают наши татары... Плоха.

— Да, плохо.

— Груша — нет. Табак — нет. Кукуруз — нет. Орех — нет. Мука — нет. Плоха.

— Плохо.

— Тыква кушал. Вот. Мука вез сын Мемет... Пропал на горах два мешка мука. Плоха.

Да, совсем плохо. И я ухожу с пустым мешочком.

Я делаю великое восхождение на горы. Маленькие они были, теперь — великие. Шаг за шагом, от камня к камню. Ветер назад сбивает. Я выхожу на ялтинскую белую дорогу. Белое облачко крутится мне навстречу. Шумят машины. Одна, другая... Красное донышко папахи, красное донышко фуражки. Они это. Пулемет смотрит назад дулом. На подножках — с наганами, с бомбами... Они оттуда. Сделали свое дело, решили судьбу приехавших из Варны — двенадцати. Теперь поспешают восвояси, с ветром. На перевал им путь, через грозный для них гребень. И я узнаю длинные, по плечам, волосы воронова крыла, тонкое лицо, с мечтательным взглядом неги, — и другое, круглое, красное с ветра, вина и солнца, сытостью налитое лицо. Оба сидят, откинувшись на подушки, неподвижно-важно: поручение важное.

Долго гляжу им вслед. Слушаю, как кричит гудок в пустоте.

КОНЕЦ БУБИКА

Третий день рвет ледяным ветром с Чатырдага, свистит бешено в кипарисах. Тревога в ветре — кругом тревога. Тревога и на горке: пропал у Марины Семеновны козел! Пропал ночью.

С зари бегает старушка с учительницей по балкам, по виноградникам и дорогам. По ветру доносит призывный крик:

— Бубик... Бубик... Бубик!..

Увели из сарайчика. Не помогла и засека со звоночками, и замок сигнальный: буря! услышишь разве! То ли матросы с пункта, то ли сам Бубик вырвался — бури испугался? У матросов не доискаться: не сунешься. У Антонины Васильевны — на пшеничной котловине — пропала телка. Дознала Антонина Васильевна: шкурка телкина у матросов на дворе сушилась, а не посмела: больше чего не досчитаешься...

Стоит учительница у изгороди:

— Украли Бубика нашего, всю надежду... Мама лежит, избегалась по балкам. Свой это человек, а то бы кричал козел. Мы спим чутко. Три раза сегодня вставали ночью в бурю. Это, конечно, под утро, он. Третью ночь не ночует... сказал, что идет на степь, за каким-то все долгом... Ясно, отвел глаза. Теперь нам гибель... Это не кража, а детоубийство!..

Горе на Тихой Пристани! Вадик и Кольдик ищут вокруг, кричат звонкими голосочками:

— Бу-бик! Милый Бубик! Судаль-Судаль!..

Вот уж и ночь черная. Бешеный ветер самые звезды рвет: вздрагивают они, трясутся в черной бездонности. Выгладил ветер море — холодным стеклом лежит, а звезды дрожат и в нем. Давно все замкнулись, дрожат на стуки, не знают теперь, кто ломится. И доходит в налетах ветра задохнувшийся крик-мольба:

— Бу... у... би... ик... Бу... би... ик!!!

Черною ночью стоим мы в буре, на пустыре. Звезды дрожат от ветра. Шуркает в черноте, путается у ног, носится-возится беспокойное перекати-поле — таинственные зверюшки. Пропоротые жестянки ожили: гремят-катаются в темноте, воют, свистят и гукают, стукаются о камни. Стонет на ржавых петлях болтающаяся дверца сарайчика, бухает ветром в калеке-дачке... громыхает железом крыши, дергает ставнями... Унылы, жутки мертвые крики жизни опустошенной — бурною ночью, на пустыре! Нехорошо их слышать. Темные силы в душу они приводят — черную пустоту и смерть. Звери от них тоскуют и начинают кричать, а люди... Их слышать страшно.

Когда же этот свист кончится! Воют, воют...

— А может быть, он ушел за шоссе... забрел от ветра? Стоит где-нибудь в кустах...

— Сударь... Сударь... Бубик-Бубик!..

— Может быть, дверь сам выбил, испугался бури?..

— Возможно... Он у вас сильный, а петли... перержавели, истерлись... Ведь замок цел!

— Дал бы Господь... забрел потише от ветра... пасется...

Дни пробегала по дорогам, по балкам и за шоссе Марина Семеновна. Нигде ни клочочка шерсти, ни крови, ни кишочков. Пропал и пропал Бубик-Сударь.

И пошел слух по округе и в городке: пропал козел у Прибытков! А отец дьякон рассказывал на базаре:

— Было у меня предчувствие странное в тот час, как козлом любовался! Не могло статься, чтоб уцелел тот козел... капитал при дороге! От Фи-ли-бера козел... роскошный! Такого козла с собой на кровать класть надо... И до сего дня полна душа предчувствий тяжких.

Не ошибся отец дьякон: в тот же день пропала у него корова.

— Нагадала Марина Семеновна! Вот она, тайная связь событий! В сем мире не так все просто. Поискал и махнул рукой.

— Не преодолеешь. Весной пойду на степь к мужикам, с семейством. Хоть за дьякона, хоть за всякого! а берите. А не примут — пойдем по Руси великой, во испытание. Ничего мне не страшно: земля родная, народ русский. Есть и разбойники, а народ ничего, хороший. Ежели ему понравишься — с нашим народом не пропадешь. Что ж, — скажу, — братцы... все мы жители на земле, от хлебушка да от Господа Бога... Ну, правда, я не простое какое лицо, а дьякон... а не превозношусь. Громок грянул — принимаю от Господа и громок. И все-то мы, как деревцо в поле... еще обижать зачем же?

Так подбадривал себя отец дьякон, веселый духом: не боялся ни огня, ни меча, ни смерти. Дерево в поле: Бог вырастил — Бог и вырвет.

И вот, за веру и кротость, и за веселость духа — получил он свою корову: нашли привязанную в лесу. Заблудилась, а добрые люди привязали?..

— Господь привел! — кротко сказал дьякон.

А Марине Семеновне не привел Господь Бубика. Не домогайся?

Утихла буря — и воротился дядя Андрей со степи. Целый

мешок принес. Наменял у мужиков и сала, и ячменю, и требушинки коровьей: отдали за поросенка долг.

Пришел к ночи, усталый, и сел под грушей. Марина Семеновна уточек загоняла.

— Намаялся, Марина Семеновна... не дай же Боже! А по степу-то все костяки лежат... куда ни ступи — костяки и костяки. Кони, стало быть, повалились. Тут черепушка, а подале нога с подковой. А уж лю-ди... ох, не дай же Боже, как жгутся! На перевале давеча трое с винтовками остановили: "Стой, хозяин! чего несешь?" Ну, видють — костюм на мне майский, в мешочке — ячменьку трошки, сальца шматочек... "Мы, бачут, таких не обижаем! Мы, бачут, рангелевцы! Можете гулять волно". Вежливо так, за ручку... С холодов настрадался — не дойду и не дойду...

Говорил он устало, вдумчиво. Лицо раздулось и пожелтело — на десять лет состарился.

— Дядю Андрей... а что я вам молвить хочу... — сказала проникновенно, глядя ему в глаза, Марина Семеновна.

— А чого вы, Марина Семеновна, молвить хочете?.. — будто даже и дрогнул дядя Андрей и мешок защупал; — приметила глаз с него не спускавшая учительница.

— А вот чего я вам хочу молвить... А у меня, тому уж пятые сутки будут... козла моего свели — Бубика нашего!..

— Ооо... ли... шечко!.. Да быть тому не можно!..— даже поднялся и затрясся даже дядя Андрей. — Да Боже ж мий?!.. Да який же це злодий узявся?! хлопчиков ваших губить! Це таке дило! Да його шоб громом побило... да шоб його черви зъилы!.. да шоб вин... Да чи вы правду бачите, Марина Семеновна?!..

— Дядю Андрей... а что я вам еще сказать хочу... — голосом беззвучным, не отпуская убегающих глаз дяди Андрея, продолжала Марина Семеновна. — Да я ж згадываю який тот злодий... Да вы ж!!

— Я?!!.. Шоб я... Да побий меня Боже!.. Да я ж на степу усю недилю крутився... голодный да холодный! ... Да ужли ж я тый злодий, шо... Да вы в Бога вируетэ, Марина Семеновна?!

Тут снял дядя Андрей мягкую шляпу, исправничью, что на чердаке приобрел, и закрестился.

— Шоб менэ... ну, шоб здохнуть, як собака... без попа-покаяния... шоб и на сем и на тим свите... шоб мои очи повылазили... шоб менэ черви зъилы!..

— Здохнете, дядю Андрей... попомните мое слово! Я на вас слово знаю! Будут вас черви есть! Как вы моего козлика съели, так и... Подавитесь вы моим козлом!.. Помните!.. Салом подавитесь!

146

Пошевелил плечами дядя Андрей.

— Бедного человека обижаете, Марина Семеновна...

— В глаза мои почему не глядите?! А-а... Сало от моего козла в глотке у вас стало? Задушит оно вас, дядя Андрей! Вот пусть мои внуки помрут лихой смертью!.. — закричала она истошным голосом. — Младенцы Господни, сиротки... правды пусть на земле не будет, если не сдохнете с моего козла! На моих глазах черви вас глодать будут! Чую!! Скоро, как снег вот будет!..

Тенью пошло лицо дяди Андрея. Повел он запавшими, помутневшими глазами и сказал хрипло к саду:

— Черви усякого человика глодать будут, Марина Семеновна. Это уж я вам казал! Мало меня, старого, обижали? Коровы меня решили, поросенка за полцены отдал... на войне вошь злая меня точила... — ништо! Но вы меня изобидели!.. Конечно, вы господского звания... а мы люди рабочие, как сказать... черной крови... Зато ж вас и искоренять надо! Только вы женского полу, а то б я вам голову отмотал!..

— Да я тебя... гадюка полосучая, сама мотыжкой побью, как пса! Я чтоб тебя боялась?! Каина?! Я ж тебя наскрозь вижу! Я трудящийся человек... за свое кровное душу из тебя вытащу! Лучше и не проходи мимо... своими руками... Ступай, ступай... не могу на тебя смотреть, на душегуба!..

Много страшного накричала Марина Семеновна в тихом ночном саду. Смотрели-слушали позабытые детишки расширенными глазами.

— На вас будет! — только и сказал дядя Андрей и побрел в свой флигель, полковничий.

— Он! Он, злодей!! Вот не встать мне завтра, без покаяния помереть, если не он моего козла свел! Все дни с татарином крутился в кустах, на горке.

— Да он же на степь ходил...

— Да я ж карты раскидывала на душу его черную! И три разочка, как в воде видела! Под Корбеком он крутился, а вчера его на базаре видали, в кофейне! Боюсь я его? Что ночью придет-задушит?! До последней кровинки за свое буду биться! Они, проклятые, только до первой палки глотку дерут, а как показали палку, — все хвост поджали! Помудровали... Хлебают теперь! И пусть, так им и надо!

Пропал и пропал козел. А там и два селезня пропали. Пришел дядя Андрей и сказал с укором:

— Скажите теперь, что и селезней ваших съел. Ну, скажите! Головку вот в балочке нашел, и пу-ху там!.. Ведь как пробил-то проклятый... весь мозг выклепал!..

Схватилась Марина Семеновна за сердце и три дня лежала, как при смерти. Приходил старичок доктор, что на самом тычке живет, сказал — слабость сердца. За визит съел коржик и пареную грушку.

Пропал и пропал козел. Что — козел, когда люди походя пропадают! Убили доктора и жену на Судакской дороге — золота добивались. Учителя и жену закололи кинжалами — под Корбеком. И еще — топором зарубили — под городком... И еще... и еще...

ЖИВА ДУША!

А вот уж и черный Бабуган — закурился, замутился, укрылся сеткой. И нет его. Полили дожди ноября, сырого мутного "джиль-хабэ", когда белки уходят в норы. Размякли, ползут дороги, почернели выцветшие холмы... Будет тепло — порадует земля травкой.

Радуется Тамарка. С утра и до ночи ходит, ходит... размякшие ветки гложет, чуть теплится, вся в буграх. Всюду ее копытца, налитые водой, всюду — выгрыз в коре, на грабе. Ходит одна — живая.

Сиди дома, возле печурки. Сиди — подкладывай. Сиди и сиди — до света. А далеко до света. Смотри в огонь: в огне бывают видения. И слушай, что дождь говорит по крыше: говорит, говорит-бормочет — и все одно: пустота, темно-та... та-та... Позванивает струя в пустом водоеме под мазанкой. И голод мучить устал — уснул. И вот — вспыхнет в печурке, и мысль проснется: а что же утро?.. Не надо, не надо думать... Не надо? А если в ворохе этих сучьев все еще шевелятся порубленные мысли?! Надо закрыть глаза и совать в огонь. Это кусок "змеи" из той балки... — в огонь. Если бы хоть табак... задурить себя, докуриться до сладких снов...

Сидишь у огня и слушаешь: все одно — пустота, темнота... та... та... Застучали ворота... Ветер? Прислушаешься. Все тихо. Бормочет дождь.

А который бы час теперь?.. Темнеет с шести... Десятый?..

И вот, уж не ветром это. Уверенный стук в ворота. Они. Калитка колом подперта... И сами могут. Ну, что же! не все ли равно теперь?.. Пусть — они. Сразу если... готовы! Ворвутся, с матерной руганью... будут тыкать в лицо железом... огня потребуют... а ни лампы, ни спичек нет... Стыдно, руки будут дрожать... Будут расшвыривать наши тряпки... А силы нет...

Стук упорней. Не могут отворить сами?..

— Вот — конец... — говорю я себе. — Сразу все кончится.

Я твердо беру топор, иззубренный топоришко, шаткий. Твердо выхожу на веранду... Откуда сила? Я весь — пружина. Я знаю, что буду делать. Собака боится палки! Я открываю дверь в сад... чернота. И шорох: дождик чуть сеется.

— Кто там?..

— К тебе, козяй!.. ат-пирай!

Татарин?! Зачем... татарин?

— Абайдулин я... от кладбища... от хорошего человека!

Знакомое имя называет. Я отнимаю кол. Широкий татарин в шапке...

— Теперь всем трашно. Крутился в балке... черный ночь, коли глаз... Селям алекюм...

С неба вестник! Старый татарин прислал с корзинкой. Яблоки, грушка-сушка... мука? и бутылка бекмеса!.. За рубаху... Старый татарин прислал подарок. Не долг это, а подарок.

— Тебе прислал. Иди ночью... велел. Там видит, тут видит — некорошо... убьют. Иди ночью, лутче. А-а-а... — крутит головой татарин, — смерть пришел... всей земле.

Табак! в серой бумаге, золотистый табак, душистый, биюк-ламбатский!

Нет, не это. Не табак, не мука, не грушки... — Небо! Небо пришло из тьмы! Небо, о Господи!.. Старый татарин послал... татарин...

У печурки сидит татарин. Татарин — старый. Постолы его мокры, в глине... и закрутки мокры. Сидит — дымится. Баранья шапка в бисере от дождя. Трудовое лицо сурово, строго, но... человеческое в глазах его. Я беру его за мокрые плечи и пожимаю. Ушли слова. Они не нужны, слова. Дикарь, татарин? Велик Аллах! Жива человеческая душа! жива!!

Он свертывает курить. Курит, поплевывает в огонь. Сидим, молчим. Он умело подсовывает сучья, сидит на корточках.

— Скажи Гафару... старому Гафару... Скажи, Абайдулин... старому татарину Гафару... Аллах!

— Аллах... — говорит в огонь сумрачное коричневое лицо. — У тебя Аллах свой... у нас Аллах мой... Все — Аллах!

— Скажи, Абайдулин... старому Гафару... скажи...

Он докуривает крученку. Курю и я. Не слышно дождя по крыше. Горят в печурке сухие сучья из Глубокой балки — куски солнца. Смотрит в огонь старый Абайдулин. И я смотрю. Смотрим, двое — одно, на солнце. И с нами Бог.

— Пора, — говорит Абайдулин. — Черный ночь.

Я провожаю его за ворота. Его сразу глотает ночь. Слушаю, как чмокают его ноги.

Теперь ничего не страшно. Теперь их нет. Знаю я: с нами Бог! Хоть на один миг с нами. Из темного угла смотрит, из маленьких глаз татарина. Татарин привел Его! Это Он велит дождю сеять, огню — гореть. Вниди и в меня, Господи! Вниди в нас, Господи, в великое горе наше, и освети! Ты солнце вложил в сучок и его отдаешь солнцу... Ты все можешь! Не уходи от нас, Господи, останься. В дожде и в ночи пришел Ты с татарином, по грязи... Пребудь с нами до солнца!

Тянется светлая ночь у печки. Горят жарко дубовые "кутюки". Будут гореть до утра.

ЗЕМЛЯ СТОНЕТ

Я никак не могу уснуть. Коснулся души Господь — и убогие стены тесны. Я хочу быть под небом — пусть не видно его за тучами. Ближе к Нему хочу... чуять в ветре Его дыхание, во тьме — Его свет увидеть.

Черная ночь какая! Дождь перестал, тишина глухая; но не крепкая, покойная тишина, как в темные ночи летом, а тревожная, в ожидании... — вот-вот случится!.. Но что же случиться может?.. Я знаю, что после дождя может сорваться ветер, сорвется вдруг. А сейчас даже слышно капанье одиночных капель, и с глубокого низу доплескивает волною море, будто дышит. Слышу даже, как чешется у Вербы собака.

Я тихо иду по саду, выглядываю звезды, вот-вот увижу, — чувствуются они за облаками. Пахнет сырой землей, горною мглою пахнет: сорвется ветер, чуется тугой воздух. Свежая хвоя кедра осыпает лицо дождем... Я затаиваю шаги... болью хватает меня за сердце... Вот он, жуткий, протяжный стон... тянется из далекой балки. И снова — тихо. И снова — тяжкий, глубокий вздох... — кто-то изнемогает в великой муке. Удушаемый вопль покинутого всеми...

Я знаю его, этот тяжкий, щемящий стон. Я слышал его недавно. Он взывает из-под земли, зовет глухо...

О нем все говорят в округе:

— А по ночам-то теперь, в балках к морю... застонет-застонет так — у-у-у... у-х-х-х-х-х... А потом тяжело-о так, вздохнет — ааа...а! Сердце захолонет будто! Вроде как земля стонет. Недобитые это стонут, могилки просят... Ох, нехорошо это!..

Я прислушиваюсь в глухой ночи. Тяжко идет из балок:

...уууу... у...

Нет ему выхода, — потянется и уходит в землю. И еще, еще...

...аааа... а... — замирающий вздох муки...

Мертвой тоскою сжимает сердце. Не они ли это, брошенные в овраги, с пробитою головою, грудью... оголенные человеческие тела?.. Всюду они, лишенные погребения...

Умом я знаю: это кричит тюлень, черноморский тюлень — "белуха". Знают его немногие рыбаки — выводится. И не любят слышать. Он подымает круглую голову из моря, глухою ночью, кладет на камень и стонет-стонет... Не любят его — боятся — черноморские рыбаки, и "рыба его боится".

Умом я знаю... А сердцем... — тяжело его слышать человеку.

Я долго слушаю, затаившись, и мукой кричит во мне. А вот и сорвался ветер, ударил с гор. Зашумели, закланялись, закачались кипарисы, затрепетали верхушками, — видно на звездном небе. Продуло тучи. Будет теперь дуть-рвать круглые сутки. Не кончит в сутки — ровно три дня дуть будет. А к третьему дню не кончит — на девять дней зарядит. Знают его татары.

Слышно через порывы, как бьют в городке часы. Не остановились?.. Нет в городке часов: это церковный сторож. Последнее время выбивает редко. Что ему пришло в голову? Одиннадцать?..

А может быть, и отнесло ветром. Полночь?

Я смотрю в сторону городка. Ни искры, ни огонька, провал черный. А что такое у моря, выше?.. Пожар?! Черно-розовый столб поднялся!.. Пожар!.. Или обманывает темнота ночи, и это ближе, а не на пристани... Не у столяра ли Одарюка, на мазеровской даче... костер в саду?.. Шире и выше столб, языки пламени и черные клубы дыма! Пожар, пожар! Вышка на Красной Горке освещена, круглое окошко видно! Черная сеть миндальных садов сквозит, выскочил кипарис из тьмы, красной свечой качается... полыхает. В миндальных садах пожар?.. Черная крыша Одарюка вырезалась на пламени.

Я бегу за ворота, на маленькую площадку, где кустики. Под моими ногами — даль. Ближние дома городка светятся розовым, и розовая свеча-минарет над ними, с ними... В море широкий отсвет костра-пожарища. Даже пристань выглянула из тьмы! Миндальные сады — как днем, сучья видны и огненные верхушки. Срывает пламя, швыряет в море. Разбушевался там ветер.

— Пожар-то какой... Господи!.. Дахнова дача горит!..

Голоса сзади, из темноты, — соседи. Яшка ковром накрылся. Няня, в лоскутном одеяле. С Вербиной горки доносит:

— Матросы горят... ей-Богу!.. пункт ихний! Нет, Дахнова!

Полянка, где мы стоим, вся розовая, от зарева.

— Ба-тюшки... — вскрикивает няня.— Да это же Михайла Васильич горит!.. Он... он!.. Новая его дачка, из лучинок-то стряпал! По старому его дому вижу... глядите, дом-то!..

Конечно. Горит доктор, — за его старым домом.

Утихает. Кончилась, сгорела! Много ли ей надо, из лучинок?

Должно быть, рухнула крыша: полыхнуло взрывом, и стало тускло.

— Сбегай, Яша... узнай! — просит няня.

— Ня-ня... — слышится болезненный голос барыни. — Где горит?

— Да сараюшка на берегу.— Спите с Богом. Уж и погасло.

— Иди, няня... детей-то перепугали...

Миндальных садов не видно. За ними отсвет. Я стою на крыльце, жду чего-то... Я знаю. Незачем мне идти. Сгорела дача старого доктора... Я же знаю. А может быть, только дача... Доктор переберется в свой старый дом... Мне уже все равно, все — пусто.

Вызвездило от ветра. Млечный Путь передвинулся на Кастель — час ночи. А я все жду...

Шаги, тяжело дышит кто-то, спешит... Это — Яша.

— Ну?..

— Капут! Сгорел доктор! И народу никого нет... Матрос там один, гоняет... которые набежали... Никто ничего не знает... и Михал Василича не видать... Говорят, сгорел будто... в пять минут все! А он еще накрепко припирался... кольями изнутри... Матрос говорит... снутри горело. У них с пункта видно... Обязательно, говорит, сгореть должен... Хозяин обязан у своего пожара ходить, а его не видали... все говорят! А может, куда забился?.. Все печь по ночам топил! А уж тут-то у него... не хватает. Ну, спать пойду. Слышите... опять он стонет?.. Настонал доктору-то...

Да, стонет... или это ветер жестянками... Сгорел доктор. Ушел в огне. Сам себя сжег... или, быть может, несчастный случай?.. Теперь не страшно. Доктор сгорел, как сучок в печурке.

154

КОНЕЦ ДОКТОРА

Я не хочу туда. Там теперь только скореженное железо, остовы кипарисов, черные головни. И витает, как бесприютная птица, беспокойный дух бывшего доктора. А уцелевшая оболочка — черепушка, осколок берцовой кости и пружины специального бандажа, от Швабэ — в картонке от дамской шляпы, лежат в милиции, и ротастые парни ощупывают обгоревший череп, просовывают в глазницы пальцы.

— Вот так... шту-ка!

Сгорел доктор в пышном костре своем, унеслась его душа в вихре.

Его коллега прибыл на сытом ослике, в бубенцах, повертел горелую черепную кость — разве на ней написано! — и сказал вдумчиво:

— Установить личность затрудняюсь. Кто бы это мог быть — в костре?! Повертел крючки и пружинки от бандажа, сказал уверенно:

— Теперь для меня совершенно ясно. Хозяин этого бандажа — доктор медицины Михаил Васильевич Игнатьев. Это его специальный бандаж, собственного его рисунка, от Швабэ. Можете писать протокол, товарищ.

Пишите тысячи протоколов! Вертите, ротастые, черепушку... швырните ее куда!.. Нет у нее хозяина: вам оставил.

Няня остановилась с мешком "кутюков", докладывает:

— Михайла Василич-то наш... сго-рел! Черепочек один остался, да какой махонечкий! А глядеть — головка-то у них была кру-упная... Капиталы у них большие, сказывают... на себе носили... Припирался очень на ночь, боялся. А ночь, буря... удушили да пожаром-то и покрыли! Говорить-то нельзя, не знамши. Отмаялся, теперь наш черед. Да уж не вашу ли курочку я видала... на бугорочке, ястреб дерет? Да это еще давеча было, как в город шла. Кричу-кричу — шш, окаянный! Не боится... облютели, проклятые. Всем скоро...

Новое утро, крепкое. Ночью вода замерзла, и на Куш-Кае, и на Бабугане — снег. Сверкает, колет. Зима раскатывает свои полотна. А здесь, под горами, солнечно по сквозным садам, по пустым виноградникам, буро-зелено по холмам. Днями звенят синицы, носятся в пустоте холодной, тоскливые птицы осени. На крепком и тонком воздухе, в голоте, четки звуки и голоса.

Что за горячая работа?! Стучат топорами в стороне миндальных садов. Весело так стучат... Словно былые плотники объявились, обтесывают бревна, постукивают топорами. И по железу кровельщики гремят, споро-споро... кому это крышу кроют? Давно не слыхали такой работы.

Идет из-под горы няня, дощенку тянет.

— Где это плотники заработали? кому строят?

— Стро-ют!.. По Михал Василичу поминки правят, старый дом растаскивают другой день. Волокут, кто — что. Господи, твоя воля!.. Всю железу начисто ободрали, быки какие выворачивают... уж и лес! А железо-то пло-тное, двенадцатифунтовое... Ишь как!..

Да, лихо кипит работа.

— Вот уж хозяин-то был... на-век строил! А растащили за день. Как так, кто? А народ... и рыбаки, и... кто взялся. Прямо волоком волокут. И милиция, и помощник комиссара... Мальчушья набежало... жи-вы! Кричу одному, — ты что, паршивый чертенок, чужое добро волочишь?! — Теперь, — говорит, — дозволено, всенародно! Мой папанька вот наработал, а я оттаскиваю. Вон что! — И ты, говорит, тетенька, отдирай, чего осилишь! Всем можно!.. Возьми вот их! А что ж, подумаешь-то... помирать... Хоть потопиться! С голоду-то за сучьями по балкам лазить...

Поминки правят... Я смотрю на свой домик. Последний угол! Последняя ласка взгляда была на нем... Через узенькие оконца солнце вбегало радостными лучами, играло в родных глазах. Оно и теперь вбегает, все на те же места кидает свои полоски и пятна — на трескающиеся стены, на половицы, исчерченные шагами, на маленький белый столик, в чернильных пятнах и росчерках... Крохотная веранда, опутанная глициниями, оголившимися к зиме... Когда-то воздушные кисти их весело голубели в живых глазах. Заплаканные стекла, давно не мытые... Уйдем... и завтра же выбьют стекла, развалят стены, раскроют крышу, поволокут, потащут... с довольным гоготом мертвецов. Упадут кедры, кипарисы и миндали, и кучи мусора поползут мутными струйками в ливнях...

Глядит домик: уйдешь?.. Глядит сиротливо, грустно: уйдешь.

Я осматриваюсь, ищу опоры. Стиснуть зубы и умереть?.. Даться покорно смерти... Умирают безмолвные. Какие, куда — дороги?..

Держит дикарь в шлыке обгорелую черепушку, пальцы сует в глазницы... пощелкивает... — был какой-то! На перевале снега, пустые дороги в море... пустые — за горами. И дальше — снега, снега... Ну, какие, куда — дороги?!..

156

КОНЕЦ ТАМАРКИ

Пошли бури и ливни. На горах зимней грозой гремело. Потоки шумят по балкам, рыкают по камням. Ветры носятся по садам, разметывают плетни, кипарисовые метелки треплют. И море загромыхало штормами.

Стены мазанки дрожат от бури. Ночью глухо гремит по крыше, будто возятся в сапогах железных, бухают кулаками в ставни. Треснувшая печурка совсем задушила дымом. Отсыревшие сучья тлеют, не вспыхивают в огне видения.

Наши тихие курочки дремлют голодным сном, возятся на насесте. Они ослабли. Упадет какая, и долго за стенкой слышно, как она трепыхается в темноте, ищет себе — согреться. Приткнется — и так досидит до утра. Их три осталось. Они, одна за другой, уводят и уводят с собою прошлое. Теперь они жмутся к дому. Стоят и глядят в глаза.

Долгие ночи приводят больные дни. Да бывают ли дни теперь? Солнце еще на небе, и дни приходят. Оно подымается из-за моря, в туче. Выглянет, поиграет холодной жестью, — пустит полосу по морю. С тревогой глядят на море ослабевшие рыбаки, не нагонит ли ветром скумбрии ли — камсы ли... Какая теперь камса! И дельфины не плещутся, не ворочаются черные зубчатые колеса. А что дельфины?! Их из ружья бить надо! а где ружье?.. Только матросы могут. А им не нужно: у них — бараны.

Запали у рыбаков глаза, до земли зачернели лица.

Шумит рыбачья артель у городского дома — "Яны-Бахча", требует товарища — свою власть.

— Детей кормите!.. Давайте хле-ба!..

С наганом в оттопырившемся кармане, товарищ кричит командно:

— Товарищи рыбаки... не делать паники!..

Ему отвечают гулом:

— Довольно!.. Отдай за ры-бу!..

Он тоже кричать умеет!

— Все в свое время будет! Славные рыбаки! Вы с честью держали дисциплину пролетариата... держите кр-репко!.. Призываю на митинг... ударная задача!.. помочь нашим героям Донбасса!..

Ему отвечают воем:

— Скидай им свою шапку!!... Отдай наше... за рыбу!..

Кричи, сколько силы в глотке! Гони ребят за город на

бойни: там толстомордый матрос-резака швырнет зеленую отопку или дозволит напиться крови, а подобреет — может налить и в кружку.

Сереет утро, мелким дождем плачет. Ворота забухли, не стучат от ветра.

Стучат ворота! Кому что надо?..

— Эй, что надо?!.

Детский голос кричит тревожно:

— У вас... нашей Тамарки нету?.. С вечера ищем, свели Тамарку!..

Красавица симменталка, белая, в рыжих пятнах... теплилась — догорела.

Вербененок плачет:

— Покойная мамаша выходила Тамарку... Молока давала... цельную бутылку-у...

Она еще — молока давала?! Свои соки!.. Вылизывала из камня.

Всю ночь всей семьею искали они по балкам, по лесным чащам.

— И Цыганочку увели, у Лизавете... Теперь все дознаем, теперь уж матрос возьмется!..

— Из-под самих матросов корову увели! — кричат с горки.

Бежит растрепанная чернявая Лизавета, руками плещет:

— Ночью свели мою корову... десять кувшинов давала! Как корми-ли...

— У матросов да плохо! ... Грабленым вы кормили! — кричит Коряк. — У них в борщу шукать надо! а ты сюда закатилась...

— Да ведь зять ведь!.. Свели-то из-под часового!..

Собираются на горке люди. Жмется на холоду учительница Прибытко, покачивающая головою няня, старая барыня, накинувшая на плечи коврик, Коряк, заявившийся по тревоге из нижней балки, нянькин сын старший, выменивающий вино на пшеничку, в ночь приехавший с контрабанды, и высокий, худой Верба, винодел, с повислыми усами. У всех лица — мертвецов ходячих.

Лизавета кричит истошно:

— Он, Андрюшка-злодей! Сейчас дознаем... Он! он!..

— Его три дня не видим... ушел на степь, как обычно... — сообщает учительница.

— Вин самый убийца! — кричит Верба. — Таких прямо... поубивать надо, як собак! Вашего козла скушал, моих гусей сожрал, ваших селезнев сожрал... мою Тамарку сожрал!.. Прямо... поубивать к чертовой матери!..

— Погодьте... поубивать! Вы вот тридцать годов коров имеете, допрежде коров сводили, а?! А почему теперь?!.. Поубивать! Людей убивать — не жалеют!

— Не скажите громко!..

— Он, злодей! он! их шайка!.. Саня наш сейчас поведет дело... уж кривого Андрея арестовал, с нижнего виноградника... Видали, как с Гришкой Одарюком все дни шуптались...

— Всех их прямо... поубивать надо!

— Вон идет Саня!..

С винтовкой на плече, с наганом в кулаке, подходит широкоскулый крепыш-матрос Санька. За ним девчонка Гашка, в белых открытых туфлях, измазанных грязью, в зеленой шелковой юбке и в плюшевой голубой кофте — саке. Нянька знает: у Дахновой была такая кофта. Убежала дачевладелица Дахнова в Константинополь, нашарил матрос "излишки" — теперь молодая матроска щеголяет.

— Двоих сволочей зарестовал! — кричит матрос еще издали, потрясая наганом. — Все раскопаю, до требухи... а вашу корову найду, мамаша! Из-под самого моего глазу увели!.. Свои!

Он широк, как овсяной куль, красная шея холоду не боится — голая до плеча, в воловьих жилах, огнем горит. От лица жаром пышет. Серые глаза сверлят.

— Бить будут прямо в го-лову... вот этим! а уж язык достану! Мамаша, не сотрясайтесь криками, как баба! Корова у вас будет! достанем для вас корову! Ну, кто что доказать может? Где он живет, сволочь?..

— Прямо всех полевым судом, Саничка! — кричит Гашка. — Это буржуи развратили... кончать всех безмилосердно!..

— Писано им, и еще будет! В шомпола возьму всех подозрительных... ванную им устрою! Ежели ты пролетарий... как ты можешь чужих коров воровать? Пролетарий... как святой есть! ежели они из труда, коровы?! Ведите, которые знают...

— Дай, Санек, телеграмму Мишке, пусть нам автонобиль пришлет! — кричит Гашка, на руке у матроса виснет. — Будем на автонобиле искать коровку... телефонируй, право...

— Перво дай... дело официально дознать... Лишние уходи!

Толпой идут на Тихую Пристань, ломают замок на флигеле. Находят гусиные крылья, косточку с синеватой шерстью...

— Бу-бик!.. Бу-бик!!.. — кричит Марина Семеновна. — Как я зна-ла!..

Шумит горка, три дня шумит. Сидят в подвале короворезы:

старый Андрей Кривой, согнувшийся с голоду Одарюк. Шушукаются на горке: ванную прописали коворорезам — не сознаются! И шомполами лечили, и не кормят. Не сознаются.

Шумит горка: нашли у Григория Одарюка под полом коровью требушину и сало. Взяли. Помер у Одарюка мальчик, промучился, — требушиной объелся будто. Кожу коровью нашел матрос: в земле зарыта была. Признал кожу Верба: Тамаркина.

ХЛЕБ С КРОВЬЮ

Быстрей развертывается клубок — сыплется из него день ото дня чернее. Видно, конец подходит. Ни страха, ни жути нет — каменное взирание. Устало сердце, страх со слезами вытек, а жуть — забита.

Но бывают мгновения, когда холодеет сердце...

Дождь ли, ветер — я хожу и хожу по саду, захаживаю думы. Сошвыриваю с дорожек и складывают в кучу камни — прибираюсь. Приставлю к воротам кол — защиту! Оставшаяся привычка...

Кто-то царапается в ворота, как мышь скребется.

— Кто там?..

— Я... — запуганный детский голос. — Анюта... дочка...

Опять она, маленькая Анюта, добытчица! Нет больше у ней дороги. Ко мне!

— Ну, иди... Я уже все знаю.

Она неслышно, тенью, идет по саду, закрывает лицо ладошками. От горя, которое она так познала?

— Папашу... взя... ли... Гришуня наш помер сегодня... и все наше сальце взяли... и требушку взяли... на зиму припасали...

Она трясется и плачет в руки, маленькая. А что я могу?! Я только могу сжать руки, сдавить сердце, чтобы не закричать.

Не знаете, не видали вы этого, вы, смакующие — человеческие "порывы", восторженные ценители "дерзаний"! Все это "смазка" чудесной машины Будущего, отброс и шлак величественной плавильни, где отливается это Будущее! Уже видны его глаза...

Босая стоит она, освещенная половинкою месяца, выбежавшей из тучи. На ней рваный платок мамы Насти и розовенькая кофточка без пуговок. Она трясется от ужаса, который она предчувствует. Она уже все познала, малютка, чего не могли познать миллионы людей — отшедших! И это теперь повсюду... Этот крохотный городок у моря... — это ведь только пятнышко на бескрайних пространствах наших, маковинка, песчинка...

Что я могу?! Не могу сказать даже слова... Кладу на плечо руку.

Она уходит с сухой лепешкой, с горсточкой миндаля и грушки. Уносит в своем платке виноградную кожуру гнилую...

Нет, еще остается ужас. Еще не омертвело сердце, еще сжимается. Стоны ползут из балок... Да, вовсе не тюлень это, а само сущее, земля стонет. Я вижу под луной черный гребень, гробовую крышку дома Одарюка, где мальчик... Смерть у дверей стоит, и будет стоять упорно, пока не уведет всех. Бледною тенью стоит и ждет!

Я вздрагиваю — я вижу бледную тень. Беззвучно движется за плетнем, на месяце, за черными кипарисами... Кто ты?! — хочу окликнуть и узнаю майский костюм Андрея. Он направляется на Тихую Пристань, в свое жилище. За спиной у него мешок, неизменный его мешок. Из степи идет, с похода. Украдкой хочет войти к себе. Умирал бы в степи, чудак!

Шумит по утру горка: забрали дядю Андрея — матрос с милицейским взяли. Повели "делать ванную".

Ванная?! Что такое?..

Это знают они, хозяева. Милицейский сообщает — "по секрету":

— Розыскной пункт дело хорошо понимает! Знаку чтобы не оставлять... Значит, мешок с песком... и как под печенку ахнуть!.. — одно потрясение, а знаку настоящего нет! Внутри может полировать, чтобы в сознание привести. Под сердце тоже... Раньше!.. Да раньше таких сурьезных делов и не было. Семнадцатую корову режут... трудовых! Должен себя пролетарий защитить, как вы думаете? Иначе как же... Я, говорит, на степе крутился! Р-раз! Ходил на степу?.. Ходил! А го-лос-то уж у него не тот... Два! — под душу. Ходил на степу?! ну?! Ходил... И опять голосу сдал! Понимаете, штука-то какая?! А то в голову, вот это место, под затылок... Тут уж он как в беспамяти, сотрясенье... И вот тут сейчас и есть ему ванная! Водой отливать надо обязательно. Тут-то он обязательно помягчеть должен. Ходил на степу... ррастакой?!. Молчит... Но только у всех троих их такая крепость... с голоду, что ли? Не подаются! Зубы только затиснут и... Кривого и шомпола взяли... Старик, а выдержал характер. Захрипел, а не сдался. Обоих выпустили пока... до суда, не сбегут. И Андрея выпустим... Пайков у нас не полагается, сами знаете... голод!

Бежать? Снега на перевале. Босоногая Таня все еще ходит там, поплескивает вино в бочонке. Нельзя ей остановиться: дети. Телом, кровью своею кормит...

Я уже не могу оставаться в саду, за изгородью. В башмаках разбитых хожу я по грязи дорог, постаиваю на мокрых холмах. Что я хочу увидеть? На что надеюсь?.. Никто не придет из далей. И далей нет. Ползут и ползут тяжелые тучи с Бабугана. Чатырдаг закрылся, опять задышит? Задует снегом. Смотрю на море. Свинцовое. Бакланы тянут свои цепочки, снуют над мутью... ходят и ходят шипучие валы гальки. И вот выглянет на миг солнце и выплеснет бледной жестью. Бежит полоса, бежит... и гаснет. Воистину — солнце мертвых! Самые дали плачут.

Притихла горка. Воет старая нянька соседкина. Ходила с неделю сумрачная, больная, ждала чего-то. Теперь воет. Ее тонкий, будто подземный, плач доходит через плетень в садик. Сына у ней убили. Далеко убили, за перевалом, в степи...

Принес эту весть Коряк, тот самый Коряк — дрогаль, который бил-выбивал правду из старика Глазкова. Получил Коряк свою правду: убили в степи его зятя, а с ним убили и нянькина сына Алексея.

А еще совсем недавно стояла нянька у моего забора, радовалась:

— Вздохнем вот скоро... Вот Алеша поехал с коряковым зятем, на степь повезли вино, в долг у татар заняли... бо-чку! Теперь всего наменяют... и сала, и пшенички... к Рождеству-то бы...

Принес весть Коряк ночью. Сказал:

— Получил вот какое сурьезное известие. Нашли на дороге, на степе... боле ста верст отсюда, зятеву лошадь... и двоих побитых... моего и твоего... приятели были, так вместе и... лежат в канаве. Ну, лошадь не могли стронуть, не пошла от хозяина... Хороший конь, добрый. И товар не могли стащить, помешали им, как с лошадью они бились. Может, чего и расхватали... Ну... и в это самое место, за ухом... две дырки наскрозь... в канаву оттащили. Ну... двое тех было... в хворме, с винтовками... как люди говорят проезжие. Значит, будто стража... про себя выдавали. Ну... и так сдается, шо сын Глазкова один, Колька... который сбежал... Меня убить за отца грозился. Ну, моего убил. А уж твой... так... наскочил на судьбу... Пшеницы да ясменю мешок... кровью запекши... на них и убили. Теперь надо позабирать все.

Побежали под утро, без хлеба, без одежи, на перевал, в снега: нянькин сын Яшка, вдова, — корякова дочь, — и сам Коряк, — кнут только захватил по привычке своей дрогальской. Побежали добывать все: пшеницу, тела и лошадь.

Воет другой день нянька. Сидит старая барыня, томится бессонницей и сердцем. Горит печурка, шипят мокрые "кутюки".

Вот они, сны обманные! что — кому! Приснился и няньке сон, пышный, сытный. Видела она так — рассказывала недавно:

...Шла полем. А по полю тому, прямо — земли не видно, — все глыбы сала да жиру. А сын Алеша, в белой будто рубахе... до

163

земли рубаха... с вилами, переваливает глыбы, будто навоз трусит. "Смотрите, — говорит, — мамаша, сала да жиру сколько!" Схватила нянька жирный кусок, есть стала. Ела-ела, — в глотку не лезет, уж больно жирен...

Проснулась, а все тошно. Всем про сон рассказывала, обхаживала горку, — не к добру, чуяла! Всю неделю, как не своя ходила. Сказала Марина Семеновна, — не ей, — ей не сказала:

— Ох, худо няньке будет, через Алексея... такое ху-до!..

Пришло худо: прислал Алеша пшеницы с кровью. Есть-то надо, промоют и отмоют. Только всего не вымоешь...

ТЫСЯЧИ ЛЕТ ТОМУ...

Падает снег — и тает. Падает гуще, гуще... — и тает, и вьет, и бьет. Ближние горы — пегие. Стали пегими кипарисы, и виноградники, и плетни. А снег все сыплет и заметает в вихре, белит и кроет. И вьет, и метет, и хлещет... Зимой хватило от Бабугана, от Чатырдага — со всех сторон. Крутит метелью и день, и ночь. Не черная Кастель-шапка, а исполинская сахарная гора — голова на блюде, на белой скатерти. Седые, дымные стали горы, чуть видные на белесом небе. И в этом небе — черные точки — орлы летают.

Гонит снегами лесную птицу к жилью. Черные дрозды, с оранжевыми носами, шмыгают по пустым садам, выискивают во двориках. Остатки овечьих стад умные чабаны стерегут в кошарах: опасно пускать в долину. Смотрят на снег с тревогой: валит, а сена нет — овцы начнут валиться. А над горами орлы летают. Не боятся орлы снегов: корму орлам достанет.

Бежит в снегу маленький татарин в бараньей куртке, лошадь из снега тянет. Кричит — воет в белую пустоту на всю горку: — Йей!.. бери коня... купай!.. Йей...

Спотыкается на кусты под снегом, волочит в поводу коня, бьется в мои ворота:

— Ко-зяйй... Йей! коня бери... клеба давай, карей!.. все памирай... ой, бери... йей!

Еще с порога вижу, как он стучит себя по груди и топчется — прыгает за шиповником. Татарин крохотный, черноусый, с обезумевшими глазами. Он хватает меня за рукав и тянет:

— Пажалюста... бери коня! Йей!..

Из его горла рвется гортанный клекот. Он дергается лицом, глазами, словно вот-вот заплачет. С носа мутная капля виснет: слеза ли, пот ли, — не разобрать. Совсем чумовой татарин. Дрожит-кричит, перекося рот, кривит почерневшее лицо, и все охлопывает коня по шее. А конь — под черной шкурой скелет, с втянувшимися ноздрями, — оскаленными зубами дерет шиповник. Запарил коня татарин, и сам запарился.

— Йей! — кричит он с болью в мои глаза, дергает меня за руку. — Ну! твоя нада! пожалюста... бери конь! ну... клеба давай... мала-мала! Снег, зима пришел... Йей!..

Со страхом, с болью гляжу я в его обезумевшие глаза, убегающие от ужаса. Чумовой татарин! Закрыты на базаре лари, будет в кофейнях тыкаться.

А сумерки все густеют. Кастель синеет. У, какая пустыня

там! Снеговая пустыня в падающей ночи. Я стою на холме и вглядываюсь в пустыню, пытаюсь ее постигнуть. Море — черное, как чернила, берега — белые. Громыхает поглуше — от снега глохнет. И там пустыня. Одна на другую смотрит: черная, белая.

Тысячи лет тому... — многие тысячи лет — здесь та же была пустыня, и ночь, и снег, и море, черная пустота, погромыхивало так же глухо. И человек водился в пустыне, не знал огня. Руками душил зверье, подшибал камнем, глушил дубиной, прятался по пещерам... на Чатырдаге и под Кастелью, — они дожили и до сего дня. Видела эта вечная стена Куш-Каи, — в себя вбирала, и теперь вбирает: пишет по ней неведомая рука. Смотрю и вбираю я. Снега синеют, чернеет даль. Нигде огонька не видно. Не было и тогда. Пустыня. Вернулась из далеких далей. Пришла и молчанием говорит: я пришла, пустыня.

Я знаю: она пришла. Бегают люди с камнями. Вчера рассказывали про Судак:

— По дорогам горным хоронятся, за камни... подстерегают ребят... и — камнем! И волокут...

Кругом — с камнями. И в славном когда-то Бахчисарае, и в Старом Крыму, и... всюду. Каким же чудом швырнулись тысячелетия?! Куда свалился великий человеческий путь — на небо?! великое восхождение и это гордое — будем Боги?!

Я смотрю на вздувшийся под снегами камень: какая сила! Вышел из далей... — вот он!

...Мое!..

Его.

— Друг... — говорю ему: — нет у меня ничего!..

Но он не может понять.

— Пажалюста... бери конь... Арабчук мой... седьмой зима... кароши, золотой! Кормить... ничего нема... снег пришел, зима... жалька... Йей!..

Он машет рукой на город, и я машу. И мы смотрим в глаза друг другу растерянно, безнадежно. Он вырывает слова из глаз, острых, черных, изо рта, кривого от нетерпения и страха, что поздно будет:

— Йейй!..

Стоит его визг в ушах. Провалился с конем татарин в снег, в балку. Слышно — и там визжит.

Я иду по глубокому снегу, на площадку. Дубовая поросль завалена рыхлым снегом. Далеко внизу путается-чернеет с конем татарин, по снегу катится, за ним снеговая пыль... — в город погнал татарин.

Он — из Биюк-Ламбата?! Страна чудесного золотого табаку... Где такое... Биюк-Ламбат? Да, это совсем близко, двенадцать верст. Кто-то о нем говорил недавно?.. Кто-то помер! Да... от голоду померла у татар вдова художника русского... Ушла к татарам — и померла... А его картины... за этими горами... О, снег какой... испугал чумового татарина. Сухую траву засыпал на много дней...

Сумерки надвигаются. Куда побежал татарин, в слепую ночь!

Я брожу по снегам, по балкам, без цели. Ведь я из далей. Я же тот самый дикарь пещерный. Но у меня нет и шкуры. У меня лишь истрепанное пальтишко, лезут змеиные зубки из башмаков, а в них мои зябкие пальцы, завернутые в тряпку... И я — бессильный. Мне так понятна, близка та жизнь, жизнь моих давних предков! Снега и ночь, а у них... огня не было!.. Я сейчас пойду, затоплю печурку... а у них... не было!! И... они-таки победили?! Какими силами, Господи, это чудо? Твоими, Господи! Ты, Единый, дал им Огонь Небесный! Они победили им. Я это знаю. Я верую! И они же его растопчут. Я это знаю. Камень забил Огонь. Миллионы лет стоптаны! миллиарды труда сожрали за один день! какими силами это чудо?! Силами камня-тьмы. Я это вижу, знаю.

Синей Кастели нет: черная ночь — пустыня. Храпит из балки, из темноты, — конь запаленный дышит? Взрывая снег, у моих ног, из балки выкаты кается черное: татарин, за ним его черный конь. Хрипит татарин, и конь хрипит. Я бегу от него к воротам. Татарин бежит за мной...

— Ты... бери... нема люди... ночь черный... Бьюк-Ламбат... йей... бери... Аллах...

Я не вижу его лица. Я вижу, как конь головой мотает, хочет поводья вырвать?.. Мотнул и уткнулся в снег. Я вижу парок над ним. Я отмахиваюсь от них, от призраков... стараюсь открыть калитку... Держит меня татарин, рукою молит... И вдруг...

— Йей!.. — вскрикивает татарин и чутко всматривается во что-то в балке.

Я ничего не вижу. Он срыву дергает повод, но конь уснул. Он бьет его кулаком по шее и кидается в сторону. Бежит и кричит кому-то, кого он видит:

— Йей! ханым! козяйк... бери... конь!.. Йей!..

Я напрягаю глаза, не вижу. Кому же кричит татарин? Найдется ли человек, кто снял бы с него напавший на него ужас? Никого не видно. Бежит за кем-то, кричит...

Я захлопываю калитку и ставлю кол.

Человек нашелся. Утро принесло весть: взяли коня у

167

татарина. Понес чумовой татарин шесть фунтов хлеба в Биюк-Ламбат. Быть может, спасут коня. А как же теперь татарин?..

Говорил в городке дьякон:

— Дурак татарин! Повали коня, ешь коня! Ему бы на месяц с семьей хватило, продержаться... Посоли мясо...

— А соли-то нет, отец дьякон!

— Мясо-то прокопти, без соли лопай!

— А может, ему своего коня жалко было?..

— Ко-ня жалко?! Как коня жалко, раз за шесть фунтов хлеба отдал?! Лупоглазый... Жалко?!.. А просто... голову потерял от страху!..

Воистину — голову потерял чумовой татарин.

Три конца

Снег полежал три дня, тронулся и потек. Плывет грязь в балку. Торчат из грязи мокрые рога виноградника, иссохшие усы-петли. Испугал снег татарина — и плывет. Отрыгнет еще земля травку — прогреет солнцем.

Помер Андрей Кривой с нижнего виноградника. Ходил после "ванной" с неделю — крякал. Молчал и крякал. Потом прилег. Жаловался — "внутри ломит". А помер тихо.

Помер и Одарюк. Две недели места не мог найти: и ходить, и сидеть, и лечь — все больно. Жаловался, что "клинья вогнали в поясницу" и под сердце давит. За две недели в сухенького старичка обратился, глотнуть не мог. Водицы испить просил: глотнет, а принять не может. Кричал шибко, как отходил:

— Огне-ом... палит!..

Поглядел на детей, и выкатились из его глаз две слезы. А помер тихо.

И дядю Андрея выпустили после "ванной". Во всем сознался. Пришел на горку, на Тихую Пристань — тихий, как после большой работы. Бродил по горке в майском своем костюме, почерневшем, скатавшемся, — пищи себе искал. Прознал, что Антонина Васильевна, из пшеничной котловины, корову со страху режет, пришел под вечер и остановился на пороге. Стоял и молчал — тенью. Не видела его Антонина Васильевна: рубила в корытце студень. Стоял дядя Андрей у притолоки, смотрел, как шипит на плите в корчаге, как на белом сосновом столе разложены — бурая печень, мозги, а в окоренке шершавой тряпкой коровий рубец мокнет.

Повернулась Антонина Васильевна — ахнула: испугалась тени.

— Что... вы?.. Вы это... дядя Андрей?! Что с вами?..

— Дайте... за-ради Бога... кишочки...

Дала ему Антонина Васильевна пригоршню "рубки" — для

холодца, отрезала и рубца, с ладонь, и ребрышко. Поглядел на нее дядя Андрей плаксиво, сказал хрипом:

— Нутро у меня повернуто... всю утрибку мою поспутало-завязало... какое-бы... средство?.. Гляжу, а в глазу трусится... упасть боюсь...

Дала ему Антонина Васильевна перцовки выпить. Пошел дядя Андрей по дачам — за мясорубкой. Нигде не было мясорубки. А зачем голодному мясорубка?

— А жевать нечем... зубы все растерял... Говорил "евать" и "убы".

— Где же вы их потеряли-то, так сразу?

— Так... о камень...

Проходил с неделю, стало его сгибать. Узнал, что и Андрей Кривой, и Одарюк Григорий жить приказали, — пришел к ночи к Марине Семеновне на веранду.

Спросила его Марина Семеновна сурово:

— Разве вы чего тут забыли?

— Я тут ничего не забул... — жалобно сказал дядя Андрей, как волк затравленный.

Рассказывала про это свидание Марина Семеновна — жалеть не жалела:

— ...А ветер был, с Чатырдага, холода завернули. А он стоит и стоит, трясется.

— Чего вы стоите... сядьте на табурет. Сел он на табурет, на кончик. Оглянул комнату, все глазами прощупал, и говорит:

— Одеялы у вас... знаменитыи... найдуть — возьмут.

А я говорю ему:

— Вы чего это в узелке держите, куда собрались?

Сказал, что проститься зайдет с покойником, с Григорием, — четвертый день все не похоронят. У них и переночует, — дома-то холодно, силы нет дровец нарубить, от холоду не спится. А поутру в больницу — думает.

— Очень, — говорит, — у меня все внутри ломит, и как огнем палит. Может, — говорит, — меня параличом расшибло, снутри! Во мне, — говорит, — вроде как крыса завелась, грызется.

— Не от козлиного ли смальца, дядя Андрей? — говорю. Очень меня досада одолела — все ему высказать.

— Не ел я вашего козлика! Зачем вы так?!

А не смотрит. А я ему на это:

— Вы и Тамарку не трогали, и гусей, — говорю, — и уточек моих не пробовали... А помните, — говорю, — дядя Андрей, как я вам в саду-то нагадала? Как вот снег упадет...

Как затрясется! Страшный, как смерть, стал.

169

— Будут вас, дядя Андрей, черви есть! Как вы моего козлика, так и они вас... И будет, будет!

Все во мне поднялось опять, себя не слышу.

— Я, — говорю, — вчера на вас карты раскидывала, на виневого короля... вы! Конец вам вышел! Вот он, конец, и есть!

— Да я ж, — говорит, — вовсе не виневый... Я... жировый!

И тут не сознается! Тут уж я прямо не в себе!..

— Это, — говорю, — жировый-то вы с жиру да смальцу! А вы черный, весь вы черным-черный, как вот... земля! На лице-то у вас... земля выступила!..

— Видите... — говорит, — уж помираю я, а вы... меня добиваете.

— А вы, — говорю, — сироток моих добили! Гаснут!

— Ну, простите, коли так... Не я добил... а нас всех добили...

И не сказал, а... всхлипнул! Тут мне его жалко стало.

— Ну, — говорю, — дядя Андрей... я вам простила, а судьба не простила. Не от меня это, что помираете... и дня не проживете, вижу. Судьба... Ну, вот, хлебца я вам дам... от жалости дам хлебца... напоследок покушайте... сегодня пекла, три фунта.

— Отрезала ему кусочек, теплый еще. Так и вцепился. И... покрестился, как из рук хлебушка взял! Так мне это понравилось!.. Душа-то православная...

Я ему еще дала кусочек — в дорогу. А ветер так и гремит, вьюшки прыгают, страсть Божия. Вот он и другой кусок сжевал, отогрелся. И говорит:

— Ну, посидел я. Это вы хорошо, мне теперь легко будет...

И голову опустил. А уж и спать пора давно, двенадцатый час.

— Пойду, — говорит, — к Настасье, вдове... может, мне куртку покойникову надеть займет, а то больно зябко в больницу идти. Я, — говорит, — жил самостоятельно, а вот как эта канитель-то вся пошла, слобода-то ихняя... как обменили всех...

За руку простились. Покрестила я его вослед. Что уж...

Пошел дядя Андрей ночью на мазеровскую дачу. Впустила его Настасья. В свою комнату не допустила, а пусть с покойником ложится. Дала ему накрыться рваную куртку мужнину, кожанку.

Опять на ветер идти? Замерз дядя Андрей в майском костюме из парусины с кресел исправничьих. Остался. Лежал Одарюк на полу, в пустой комнате бывшего пансиона, им же обобранного. Ни свечки, ни каганца. Лег дядя Андрей подальше в угол, узелок в голову, а кожанкой накрылся. А когда стало белеть за окнами, надел кожанку и пошел в больницу. Увидала его Настасья — идет в мужникой кожанке, — нагнала на дороге:

— Снимай, проклятый! Григорья погубил... куртку уворовать хочешь?!

Сорвала с него куртку да еще по лицу курткой. Видали люди, как на ветру, на пустой дороге, у миндальных садов порубленных, хлестала его обезумевшая Настасья по голове курткой. А он только рукою так, прикрывался...

Не дошел дядя Андрей до больницы. У базара, в безлюдном переулке, присел к забору, в майском своем костюме, загвазданном. Нашли прохожие, а он только губами двигает. Доставили в больницу. До полудня не дожил — помер. Так отошли все трое, один за одним, — истаяли. Ожидающие своей смерти, голодные, говорили:

— Налопались чужой коровятины... вот и сдохли.

КОНЕЦ КОНЦОВ

Да какой же месяц теперь — декабрь? Начало или конец? Спутались все концы, все начала. Все перепуталось, и мой "кальвиль" на веранде — праздник преображения! — теперь ничего не скажет. Было ли Рождество? Не может быть Рождества. Кто может теперь родиться?! И дни никому не нужны.

А дни идут и идут. Низкое солнце порою весну напомнит, но светит жидко. Ему не на чем разыграться: серо и буро — все. Тощее солнце светит, больное, мертвое. А к вечеру — новый месяц. А где же полный? Куда-то прошел, за тучами?..

Я видел смертеныша, выходца из другого мира — из мира Мертвых.

Я сидел на бугре, смотрел через городок на кладбище. Всматривался в жизнь Мертвых. Когда солнце идет к закату, кладбищенская часовня пышно пылает золотом. Солнце смеется Мертвым. Смотрел и решал загадку — о жизни-смерти. Может случиться чудо? Небо — откроется? И есть ли где это Небо? И другое решал — свое. У меня еще крест на шее, а на руке — кольцо. Отнесу греку, татарину, кому нужно ходячее золото, — бери и кольцо, и крест! Я останусь свидетелем жизни Мертвых. Полную чашу выпью. Или бросить тебя, причал последний, наш кроткий домик — с последнею лаской взгляда?., весны добиться и... начать великое Восхождение — на Горы? Муку в себя принять и разделить ее с миром? А миру нужна ли мука?! У мира свои забавы... Весна... Золотыми ключами, дождями теплыми, в грозах, не отомкнет ли она земные недра, не воскресит ли Мертвых? Чаю Воскресения Мертвых! Я верю в чудо! Великое Воскресение — да будет.

Какое неприятное кладбище! Камень грязный. Чужая земля, татарская.

Собаки рыскают у часовни, засматривают за стекла. И сторож пьяный. Я помню его лицо, тупое лицо могильщика-идиота. Потянет с меня за яму... Нечего взять с меня. А с Ивана Михайлыча потянет...

Когда эти смерти кончатся! Не будет конца, спутались все концы — концы-начала. Жизнь не знает концов, начал...

Умер старик вчера — избили его кухарки! Черпаками по голове били в советской кухне. Надоел им старик своей миской, нытьем, дрожаньем: смертью от него пахло. Теперь лежит покойно — до будущего века. Аминъ. Лежит профессор, строгий лицом, в белой бородке, с орлиным носом, в чесучовом форменном сюртуке, сбереженном для гроба, с погонами генеральскими, с серебряной звездочкой пушистой — на голубом просвете. В небе серебряная звезда! Чудесный символ. Завтра поступит в полную власть — Кузьмы ли, Сидора — как его там зовут? Кузьма не знает ни звезд, ни "яти", ни Ломоносова, ни Вологодского края; знает одно: надо содрать сюртук, а потом — вали в яму.

Чужая земля, татарская...

Да, смертеныш... Я сидел на бугре и думал. И вдруг — шорох за мной, странный, подстерегающий. За мною стоял, смотрел на меня... смертеныш! Это был мальчик лет десяти-восьми, с большой головой на палочке-шейке, с ввалившимися щеками, с глазами страха. На сером лице его беловатые губы присохли к деснам, а синеватые зубы выставили — схватить. Он как будто смеялся ими и оттопыренными ушами летучей мыши.

Я глядел в ужасе на него — на видение из больного мира. А он смеялся зубами и качался на тонких ножках, как на шарнирах. Он проскрипел мне едва понятное слово:

— Д... вай...

За ним шла женщина, пошатываясь, как пьяная. У живота ее, на усталых руках лежало что-то, завернутое в тряпку. Она совсем упала на бугорке. Они с утра уже идут издалека, — верст шесть, — из-за Черновских камней, в город, к власти. Двое у ней уже померли, теперь кончается маленький, в этой тряпке.

— А этот еще... красавчик... — говорит женщина про смертеныша, говорит издалека, сонно. — Господь послал... галку вчера подшиб.

— Я... камушком... га... галка... — сонно, пьяно шепчет мне мальчик и все смеется зубами. А глаза в страхе.

— Скажу... проклятым... убейте лучше... Муж-то мой ихним был... семью бросил... спутался с ихней какой-то, вот эти-то вот... как их... слова-то голова моя... с нитилигентной... на почте служил... хорошо кушали... Она партийка... а я, говорит... ду-ра.... Она начинает выть, как от боли:

— Петичка... последышек мой... желанный... три годочка... С голоду спится... бужу его: "Проснись, Петичка... за хлебушком пойдем в город..." А Петичка мне... "Ах, мамочка... патиньки нада... я са-ало ел... я мя... а... со ел..." Гляжу, а у подушечки-то... уголочек... сжеван...

Я убежал от них в балку. Следил оттуда — ушли ли? Они долго сидели на бугре.

Да когда же накроет камнем??! Когда размотается клубок?..

173

Скажут горам: падите на нас! Не падают... Не пришли сроки? Прошли все сроки, а чаша еще не выпита!..

Я кричу странным каким-то существам... — девчонкам?..

— Что вы?! Зачем?!

Они ползут от меня, от меня страшного... я помешал им в деле... собирать сухие "тарелки", следы коровьи!..

Почему же такое пустое море?! Такое тихое и — пустое! Где пароходы чудесных, богатых стран?

А все еще ходят мимо, все еще проползают через бугор. Вон идет опять кто-то, снизу, из-под Кастели... Идет ровно, по делу будто. Стучит дрючком по плетню... Кому-то я еще нужен!..

— Что еще нужно?!.. Теперь не время стучать!.. Ну... что вам нужно?! — кричу я какому-то человеку с веселыми глазами, с лицом, как у королька мякоть, — крепким. "Чего ему нужно, крепкому?"

— Чи не взнаете... ге! А Максим-то!.. Да я ж спид-низу... ге! Да молочко же у менэ покуповалы... ге! Ну, як вы... шше не вымерли?! Ге!.. Усих положуть, як вот... штабелями положуть, а по ним танцувать будут... мов мухи на гавну... Ге! Погибае народ хрещеный...

Теперь я его признаю, хитрого мужика-хохла, — из-под Кастели. Дрогаль когда-то, теперь на корове держится. Такой хохол оборотистый, что пробы поставить негде. Наменял у Юрчихи, и где придется, на молоко всякого добра, выменял в степи на пшеницу загодя, зарыл в потайное место. Ходит рванью и громче других кричит — погибаем, мов тараканы на морози!

— Вот оны... як обкрутылы народ православный... ге! У хати с коровой сплю, топор под голова да дрючок хороший... заместо жинки... ге! А шшо, я вас вспрошу... слыхали? Шишкиных усех зарестовалы! Да як же... Хведор вот заходив, сосид ихний... Лягун. Прямо... ужахается! Нашли кого! Оружье они ховали... народ убивать хрещеный! Ге! Во — подвели-то! Ужахается Хведор, прямо... плаче. Значит, так... С неделю тому, приехали на конях... обыск! Будто разбоем живуть, с ружьями на шошу выходят, в масках. Тысь, все пертрусили у них... не нашли. Зараз в каминья полезли! Хавос у нас называется... там, может, какие тыщи годов прошло, гора завалилась. Тут-то тебэ и есть! две винтовки!! прочищены, смальцем смазаны... Мов известно им було! Зараз нашлы. Сам главный чертяка не найшов бы... с версту Хавос! Всех и забрали.

Словно сказку рассказывает Максим, и весело! Это Борис-то, освободившийся наконец от них! Одного только ждавший —

залезть в Хаос и писать рассказы! Этот тихий, кроткий счастливец, с которым играла смерть...

— Да як же ж, Боже мий... усех знаю! Вин, прямо... мов с иконы сишел! тихой вот... мов телушка. Хведор, прямо... ужахается, лица на нем нэма. Прийшов до меня ранэнько, кашель його замучил, чихотка злая. Говорит, поручусь за них, отпустят. Ну, старика отпустили, а этих в Ялты погнали, сынов. Кто им тут путки ставит... "Хочь они мне телку отравить стращали... — Хведор-то мни... — а я им вреду не хочу". Рыбаки за Бориса вступались... А энти свое ладють: разберем и на север вышлем! у Харькив! Ге! Они вышлють... ге!

Он стоит и высматривает мое "хозяйство".

— А курей-то шшо ж не видать?

— Ушли.

— На молочко, может, поменяем?..

— У-шли! Последнюю отдал в добрые руки...

— Ну, индюшечку уж?..

— Ушла.

Он все высматривает. Видит — только деревья, камни...

— Ну, здоровэньки бувалы. Це гарно, шшо не помэрлы...

На Север вышлют! От скольких смертей ушел, а тут... Не может этого быть.

Черная ночь... которая?.. Тихо, не громыхнет ветром. Устали ветры. Или весна подходит? Но какой же месяц? Все перепуталось, как во сне...

Ветер гремит воротами?.. Не ветер...— они, ночные! Где же топор?.. Куда я его засунул?.. Выменял?! Что же теперь... пойти?.. Все стучат. Сами войдут...

Стучат не сильно. Не они это. Кто-то робкий... Анюта? Мамина дочка! Анюта не постучит теперь — ушла Анюта. Кому же еще стучать?..

Пришел высокий, худой старик. Глаза у него орлиные, нос горбатый. Смотрит из-под бровей, затравленно. Оборванный, черно-седой и грязный. Встал на пороге и мнется с пустым мешком, комкает его в длинных пальцах.

— Уж к вам позвольте, по дороге вспомнил. В городе задержался до темени, а идти-то еще двенадцать верст...

Кто он такой?.. Все перепуталось в памяти.

— Я... отец Бориса, Шишкин. Борис-то все к вам ходил, бывало...

Он ничего, спокоен и деловит, только словно что вспоминает и мнет мешок. Чаю у меня нет, но есть кусочек ячменного хлеба.

— У самих мало... а я, признаться, с утра только водички выпил... ходил в город нащот вина... три ведра у меня вина...

Он выщипывает кусочками и жует вдумчиво и все вспоминает что-то. Я не могу его спрашивать.

— Сейчас иду в городе... сказал мне кто-то... Кашина сына расстреляли в Ялте... виноделова. И отец помер от разрыва сердца... Мальчик был, студент... славный мальчик. На войне был с немцами, а то все здесь жил тихо... рабочие любили... Хорошо. В приказе напечатано... на стенке. Стал читать... Обоих моих.

— Что?!

— Обоих сынов... — сделал он так, рукой... — как раз сегодня... две недели. За разбой. Бориса... за разбой!..

Он сложил мешок вчетверо и стал разглаживать на коленке, лица не видно.

— Мать одна осталась, под Кастелью... ночью приду. К вам и зашел. Как ей говорить-то?! Этот вопрос очень серьезный. Я вот все... Как раз две недели сегодня... уже две недели!.. Бориса... за разбой! .. я ей не могу говорить.

Ночь далеко ушла. Я выходил под небо, глядел на звезды... Придешь — старик сидит с мешком. А ночь идет. Я сижу у печки. Старик дремлет на кулаках. Говорить не о чем, мы знаем все. Вот уж и заря, щели засинели в ставнях. И слышно муэдзина по заре. Он все кричит о Боге, все зовет к молитве... благодарит за новый день.

— Ну, пойду...

Цветет миндаль. Голые деревья — в розовато-белой дымке. В тени, под туей, распустились подснежники — из белого фарфора будто. На луговинках золотые крокусы глядятся, высыпали дружно. Потеплее где, в кустах, — фиалки начинают пахнуть... Весна? Да, идет весна.

Черный дрозд запел. Вон он сидит на пустыре, на старой груше, на маковке, — как уголек! На светлом небе он четко виден. Даже как нос его сияет в заходящем солнце, как у него играет горлышко. Он любит петь один. К морю повернется — споет и морю, и виноградникам, и далям... Тихи, грустны вечера весной. Поет он грустное. Слушают деревья, в белой дымке, задумчивы. Споет к горам — на солнце. И пустырю споет, и нам, и домику, грустное такое, нежное... Здесь у нас пустынно, — никто его не потревожит.

Солнце за Бабуган зашло. Синеют горы. Звезды забелели. Дрозда уже не видно, но он поет. И там, где порубили миндали, другой... Встречают свою весну. Но отчего так грустно?.. Я слушаю до темной ночи.

Вот уже и ночь. Дрозд замолчал. Зарей опять начнет... Мы его будем слушать — в последний раз.

Март-сентябрь 1923 г, Грасс